好营销就是懂人心

[日] 鹿毛康司　著

佟凡　译

中国科学技术出版社
·北 京·

北京市版权局著作权合同登记　图字：01−2021−6240。

图书在版编目（CIP）数据

好营销就是懂人心 /（日）鹿毛康司著；佟凡译 .
—北京：中国科学技术出版社，2022.4
　ISBN 978−7−5046−9475−1

　Ⅰ. ①好… 　Ⅱ. ①鹿… ②佟… 　Ⅲ. ①销售—商业心
理学—通俗读物　Ⅳ. ① F713.55−49

中国版本图书馆 CIP 数据核字（2022）第 039022 号

策划编辑	申永刚　杨汝娜
责任编辑	申永刚
封面设计	马筱琨
版式设计	锋尚设计
责任校对	张晓莉
责任印制	李晓霖

出　　版	中国科学技术出版社
发　　行	中国科学技术出版社有限公司发行部
地　　址	北京市海淀区中关村南大街 16 号
邮　　编	100081
发行电话	010−62173865
传　　真	010−62173081
网　　址	http://www.cspbooks.com.cn

开　　本	880mm×1230mm　1/32
字　　数	96 千字
印　　张	6.25
版　　次	2022 年 4 月第 1 版
印　　次	2022 年 4 月第 1 次印刷
印　　刷	北京盛通印刷股份有限公司
书　　号	ISBN 978−7−5046−9475−1 / F·985
定　　价	59.00 元

前　言

"我上过营销的课程，自己也看书学过，可还是做不好。"

"产品销量要怎么样才能增加呢?"

"我是按照营销的理论框架做的，为什么做不出成绩呢?"

这些问题我遇到过很多次。前来咨询的人有在实体店销售商品和服务的，也有专门从事网购行业的。公司的销售人员自不必说，就连市场、广告、宣传和产品开发等部门的人，以及以税务人员、律师为首的专业领域服务人员，无论哪个领域和行业以及不同年龄层的人，有不少人有着同样的烦恼，即"无法顺利增加销量"。

从这些问题可以看出，尽管他们拼命努力掌握和实践营销手段，却总是距离成功有一步之遥。如果遵照营销思路行动，确实能够取得一定的成果，然而实际情况是，这样很难做出爆款产品。

如何才能脱离这种状况呢？答案就是在不断试错的基础上，以"了解客户的心理"为突破口。只有在了解客户心理之后，营销理论和手段才能成为派得上用场的工具。于是我组织召开了以产品营销为主题的学习会。实际上，通过学习会的学习，有不少人找到了新的视角，学会了理解客户心理，实现了商业上的成功。

那么，如何做才能了解客户心理呢？

人的行动并非总是符合逻辑的。就算我们自己认为是按照逻辑行事的，我们的内心依然会对行为施加一定程度的影响，而就连我们自己都无法认识到这一点。遗憾的是，就算利用众所周知的营销手段和工具，也没办法看透人心。现有的营销理论体系所擅长处理的只有客户自己也能注意到的"情绪"和"意识"。人的行动有95%是在潜意识的支配下完成的，这是学界的结论，而自己都没有注意到的想法是本人都无法解释的。运用传统的营销理论框架去理解客户的潜在心理时，往往会遇到瓶颈。

在营销领域，影响行动的"内心真正的需求"被称为"消费者洞察"（insight）。最近，企业越来越重视客户视角，消费者洞察成为企业格外注意的关键词，不过现实情况是，能够掌握消费者真正需求的手段尚未确立。

　　我做过很长时间的销售工作，并且也从事过创造性的工作。2020 年之前，我一直是日本 S. T. 股份有限公司（S. T. Corporation）的宣传负责人，我们这家日用品厂商的广告费远不及竞争企业。用较低的广告费将企业的宣传做到日本的顶级水平，需要创造性的能力。确切地说，作为创作者的我确实感受到了力有不逮之处。

　　我周围很少听说过有人兼任销售人员和创作者的情况，所以这对我来说是一段比较珍贵的经历。创作者的工作是将"能打动人心的东西"具象化，所以一定要探寻人心，掌握消费者真正的需求。这是一份需要踏踏实实去做的工作，不过托这份工作的福，我练就出了能掌握消费者真正需求的"肌肉"。在消费者洞察与营销结合上，我曾经取得过巨大的成功。

　　解释人心很容易陷入非常抽象的情况，为了避免这样的情况，本书会尽可能列举出众多具体事例，努力让读者掌握思路，用在实际工作中。书中介绍的事例以我在 S. T. 公司担任宣传部部长时负责的广告制作的幕后工作和企业的对外交流措施为中心，不过掌握客户内心的重要性并不只是体现在广告制作中。希望大家能看透这些事例的本质，感受客户的内心。我相信，如果大家能在阅读本书时联想到自己的工作，一定能得到某些灵感。

我将在第1章中论述影响人们行动的"关键想法"——消费者洞察与产品营销的关系。接下来，我会在第 2 章根据消费者的真正需求，介绍我作为广告设计者所做出的实际案例和成果。从第 3 章起，我将根据具体事例解释要如何掌握消费者真正的需求，如何做一个好的创作者。我将论述更有实践性的主题，包括如何突破营销调查的界限（第 3 章），如何掌握消费者真正的需求（第 4 章），掌握消费者洞察能够做些什么（第 5 章），说明企业理念的重要性和运用方式（第 6 章），说明作为销售人员如何面对创作者（第 7 章），最后，向大家传授与客户建立关系的秘诀，主题为"'心'的交流"。

人不是凭借逻辑，而是遵循内心行动的。如果这本书能让大家的工作有更大的进步，我将感到万分荣幸。

目　录

第1章　**产品营销即深入人心** | 1

超越产品营销……………………………………… 2

4P 理论和 STP 分析 ……………………………… 3

内在需求推动人的行为…………………………… 8

人不是靠逻辑行动，而是遵循内心……………… 10

用再多理论也无法完成消费者洞察……………… 12

营销是"直面客户，提供喜悦"………………… 15

第2章　**走心的产品营销** | 19

超越大数据………………………………………… 20

补习班的入学人数增加…………………………… 21

有关孩子的"内在需求"………………………… 26

让补习班两次成功复活的方法…………………… 31

人心从未改变……………………………………… 35

为什么新冠肺炎疫情期间制作的广告不主打

　　"除菌"……………………………………… 37

面对突发事件，客户的"心"更容易

　　发生变化……………………………………… 40

第 3 章　**市场调查的偏差会隐藏真正的想法 ┃ 47**

超越市场调查……………………………………… 48

回答者的误解带来的偏差陷阱………………… 49

问题发生变化后，答案也会发生改变……… 52

情境也会带来意想不到的偏差………………… 58

进行深度采访不一定就能听到对方的

　　"内在需求"………………………………… 60

第 4 章　**深入自己的内心，做一流消费者 ┃ 67**

潜意识支配着人们 95% 的行为 ……………… 68

第一步：锻炼回忆行为的眼力………………… 68

第二步：发现潜藏在自身情绪

　　和意识中的内心…………………………… 73

第三步：掌握打开心门的能力………………… 76

脱下心灵的外衣，看清客户的内心………… 79

第 5 章　**购买产品时要遵循内心 ┃ 83**

跳出自己的视角………………………………… 84

"个头虽小，却能为整个房间除臭"…………… 85

人们为什么要买防虫剂………………………… 88

产品用在衣物和米上的意义不同…………… 91

女高中生是什么样的人……………………… 95

如果不懂客户的"心"，就要使用一切手段… 98

第6章　企业同样有"心" | 107

我作为销售人员的重大转折点……………… 108

产品和企业不是主角………………………… 109

员工人格和企业人格………………………… 111

地震发生后企业广告被公共广告

　　占用的原因……………………………… 114

深入内心，不断与自己对话………………… 117

地震发生五天后的决定……………………… 119

米格尔的消臭力广告是觉悟的产物………… 124

企业理念是进行商务活动的重要方针……… 126

广岛三箭足球俱乐部仙田总经理的信……… 128

第7章　用心与客户对话的创作者 | 131

创作者的能力带来了远超广告预算的成果 … 132

创作是将营销战略具体化的工具…………… 134

销售人员和创作者共同工作时需要

　　了解的支柱……………………………… 136

销售人员在创作中应该发挥的作用⋯⋯⋯ 141

最终判断时容易落入的陷阱⋯⋯⋯⋯⋯ 144

电视广告触达每一名观众花费的

　费用更便宜⋯⋯⋯⋯⋯⋯⋯⋯⋯⋯⋯ 145

遵循客户心理，防止出现负面新闻⋯⋯⋯ 151

缺乏想象力会引发负面新闻⋯⋯⋯⋯⋯ 154

第8章　创造羁绊是心灵的交流 ｜ 157

垂直时代的终结⋯⋯⋯⋯⋯⋯⋯⋯⋯⋯ 158

创造与客户之间的羁绊是社交软件

　与广播的共通点⋯⋯⋯⋯⋯⋯⋯⋯⋯ 160

在社交软件诞生前开始制造羁绊⋯⋯⋯ 161

我与西川贵教先生产生的羁绊⋯⋯⋯⋯ 164

推特的用户成了 S. T. 公司宣传

　部门的成员⋯⋯⋯⋯⋯⋯⋯⋯⋯⋯⋯ 169

创造新羁绊的特别宣传部门成立⋯⋯⋯ 170

线上与线下的融合⋯⋯⋯⋯⋯⋯⋯⋯⋯ 172

心灵的羁绊在社交软件上扩散⋯⋯⋯⋯ 173

和客户顺利对话的喜悦⋯⋯⋯⋯⋯⋯⋯ 175

与系井重里的特别对话 ｜ 177
结语 ｜ 189

第 1 章

产品营销即深入人心

超越产品营销

我相信，拿起这本书的各位读者已经为"销售产品"付出过各种各样的努力了吧。

"想要提高产品的知名度。"

"想让更多人知道产品的优点。"

"想树立品牌。"

"想发展新客户。"

"想提高转化率。"

为了实现这些愿望，一定有很多人去学习产品营销的知识，并且尝试运用在实际工作中。产品营销随着时代发展不断变化。过去物资匮乏、信息受限，而如今，市场上涌现出多种多样的产品，人们身处信息的洪流之中，两个时代的产品营销思路正在相互激荡，产生巨大的变化。众所周知，随着互联网的普及，商业模式和我们每个人的生活方式都发生了巨大的变化。

企业仅仅将客户看作"销售对象"的时代已经结束。如今，企业应该做到的是将目光投向每一名客户，重视他们的想法和心情。其中最需要企业注意的是，理解客户很重要。当今时代，企业不仅要关注客户自己注意到的需求，还要理解客户自己都没能意识到的内心，从而让客户满意。

在本章中，我首先会为大家介绍产品营销的基本理论——"4P 理论"以及"STP 分析"。这些理论是在物资匮乏，以及企业将客户当成"销售对象"的时代产生的产品营销框架。虽然这些理论现在依然是被广泛运用的便捷工具，不过在研究客户心理时，这些理论也显示出其局限性。我希望大家通过理解"4P 理论"和"STP 分析"的局限性，明确认识到"了解客户心理"的重要性。

4P 理论和 STP 分析

4P 理论是著名的产品营销理论。20 世纪 60 年代初，4P 理论由美国经济学家杰罗姆·麦卡锡提出，名称取自以下四项要素的英文单词首字母。

- **产品（Product）**
- **价格（Price）**
- **渠道（Place）**
- **推广（Promotion）**

使用此项理论，在制定产品营销策略时能够毫无遗漏地列出需要做的工作，并且可以整合产品、价格、渠道、推广各个方面的战略，它是非常方便的理论工具。

在 4P 理论诞生的 20 世纪 60 年代，市场上流通的产品很少。因此以卖方视角为基础的策略得以取得显著的成果。然而到了 20 世纪 70 年代，产品大量进入市场，消费者可以在多种多样的产品中选择购买自己心仪的产品。所以，分析消费者成了企业必须做的工作。在这种情况下，STP 分析（目标市场营销）登场。STP 分析的名称取自以下三个英文单词的首字母。

- **市场细分（Segmenting）**
- **目标市场（Targeting）**
- **市场定位（Positioning）**

STP 分析通过分析细分市场，确定产品的目标市场和市场定位，客户管理的思路由此诞生。在思考 4P 理论前先研究 STP 分析，可以更具战略性地开展产品营销活动。

4P 理论和 STP 分析现在依然广泛应用于各个领域，我在平时的工作中也经常用到。不过随着时代的变化，企业对客户的认识不断发生巨大的改变，不再将客户当成冷冰冰、没有情绪的销售对象，而是将他们作为更加"活生生的人"。如图 1-1 所示，20 世纪 60 年代，4P 理论诞生，对销售方法的研究不断深入。20 世纪 70 年代末登场的 STP 分析是分析客户属性的理论。可是仅靠 STP 分析，并不能充分理解客户的内心，于是在 20 世纪 90 年代以后，理解客户心理的研究成为重要课题。

下面我会基于实际事例进行说明。

以下是我和一名董事长之间的对话，他打算以高中生这个群体为目标开展某个项目。

"您了解过高中生吗？"

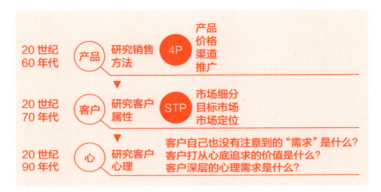

图 1-1　销售人员的视角变迁

面对我的问题，董事长的回答是"充分了解过"。他似乎已经在反复进行数据分析后，确定了要把企业的产品卖给什么样的高中生，展现什么样的产品价值。

从 STP 分析的观点来说，董事长的回答是满分。可是我突然意识到一件事，于是继续向他发问。

"您能想象出高中生的说话方式吗？了解他们因什么而烦恼吗？知道他们平时过着什么样的生活吗？知道他们在心中描绘着什么样的人生吗？"

尽管我的问题很冒失，不过董事长还是仔细思考了我的问题，没过多久，他恍然大悟。通过 STP 分析，他看似充分了解作为目标客户的高中生，可是他所了解的并不是现实中的高中生。

就像这样，尽管董事长利用成体系的市场营销手段分析客户，认为自己理解了客户，但回过头来却发现自己并没能抓住"活生生的客户"，此类情况并不少见。这并不是 4P 理论和 STP 分析有问题，也不是因为分析者性格冷酷。当人们将营销手段当作能解决一切问题的工具来推进工作时，就会在不知不觉间将客户变成无机的数据块，而不是活生生的人。

比如，"目标"（Target）这个词原本是军事用语，直译是"靶子"的意思。当我们使用目标这个词时，或许很容易在下意识里将客户当成了能让自己赚钱的"靶子"。如果销售人员自己忘记了人心，只会操纵 4P 理论和 STP 分析的话，就算不是出于本意，也会仅仅把客户当作方便自己进行销售工作的存在，这并非是不可思议的事情。

当我意识到这一点时，就不再使用"客户"这个词了。因为当我使用"客户"这个词时，容易将客户当成距离自己很遥远的"饵食"。就算客户不在自己面前，我也不会用"客户"这个词称呼他们。我也会尽可能用其他词来替换"细分市场""市场目标""市场定位"等词语，思考"用什么样的视角寻找切入点才能开发新的客户呢？""要怎样才能让客户满意呢？""我希望客户如何看待产品呢？"等问题。

现在，随着互联网的不断发展，产品营销也进入了发生巨大变革的时代。众多实务家和研究者在不断开发新的营销手段，针对"活生生的人"的研究也越来越多。可就算是进化到这个地步的营销手段，依然无法看清客户的内心。如今，虽然大家能够明白理解客户的内心非常重要，却尚未开发出所有人都可以使用的手段和工具。

内在需求推动人的行为

在产品营销方面，消费者洞察的概念如今非常引人关注，其又被称为"顾客洞察"。消费者洞察在产品营销方面指的是发现"推动人们行动的隐藏心理"或"激发人们产生无意识行动的心理"。

2004 年，美国大街上出现了一则匿名的户外广告，

其广告牌的内容看似很简单，只写着"|自然常数 e 中的第一个连续的 10 位质数 |.com"，但这其实是一个复杂的数学问题。这块广告牌激发了理科学生一定要把题目解出来的冲动，于是他们开始拼命解题。正确答案是"7427466391.com"，这是一个网页链接，点开链接后又能看到另一道题目，再次答对后会发现，网页上出现了美国谷歌的招聘广告。

当时的谷歌不像现在这么出名，并不是广为人知的优秀企业。不过它成功地抓住了人们的心理，招聘到了头脑聪明的员工。这是打着"招聘优秀员工，保证高薪"的普通招聘广告绝对做不到的。可以说这就是利用了消费者洞察的正面事例。

日本"书店大奖"是与众不同的文学奖，评奖标准是由全日本书店店员选出"今年最想卖出的书"，这也是利用消费者洞察的优秀事例。

在一次讲座中，我得到了与策划书店大奖的重要人物岛浩一郎先生（博报堂执行董事、博报堂 Kettle 董事）对谈的机会。当时，岛浩一郎先生是《广告》杂志的总编辑，他正在进行巡查各大书店的工作，他深刻感受到了出版行业不景气为书店带来的困难。另外，他还经常听到店员们说"要是让我来选，才不会让那部作品获得直木奖"之类的话，当他询问那些店员他们觉得什么样的书有趣时，听到了很多此前没有听说过的作品，让他大吃一惊。

岛浩一郎先生从店员的发言中发现了他们真正的需求，就是"自己能选出更好的书""自己有更想卖的书"，于是开始构思书店大奖的企划。书店大奖获得成功后，市面上不断出现各种模仿书店大奖的"××大奖"，但都没能取得像书店大奖那样的成功，恐怕是因为策划者没有仔细研究消费者的真正需求。无论形式多么相似，如果失去了作为根基的"心"，就只会变得似是而非。

人不是靠逻辑行动，而是遵循内心

人们采取的行动并不一定合理，行为经济学试图用心理学的知识来解释其中的机制。在过去的 20 年，行为经济学领域有 3 位诺贝尔经济学奖获得者，该领域备受各国瞩目，当然在日本也颇受关注。行为经济学否定了传统经济学的前提，即"人为了让自己的利益最大化，会采取合理的行动"。行为经济学提出，人们不一定只会选择"物美价廉的产品"，而是经常会根据"错误的评价和直觉"做出判断。这个见解与产品营销领域中的消费者洞察非常相似。

人们并不是靠逻辑采取行动的，就连买自己喜欢的东西时，都会受到内心深处某种情绪的影响。根据脑科学的研究，人的思考由 5% 的显意识和 95% 的潜意识组成（图 1-2），人并不一定会根据合理的判断购买商品。也就是说，就算人们认为自己"有理由购买"，

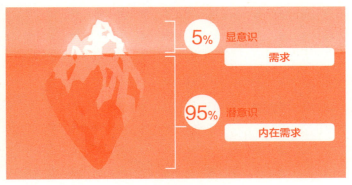

图 1-2　将意识比作冰山

但在很多情况下依然受到了潜藏在内心深处的某种情绪——内在需求的影响。人们的内在需求无法依靠传统的营销手段去发现，因为那不是本人能够觉察到的欲求和情绪，需要接近连对方自己都没有注意到的内心才能发现。

用再多理论也无法完成消费者洞察

可是，靠近他人的内心并不容易，人们甚至很难用语言表达自己的内在需求。我现在是顾彼思商学院的教授，学院开设面向在职人员的工商管理硕士（MBA）课程，我主讲产品营销课。有一次，我问学生为什么想要获得 MBA 学位，得到了以下回答：

"希望以后能用在管理上。"

"想做营销方面的工作。"

"想要提高自己。"

"想学到对自己来说必要的技能。"

"想找到志同道合的伙伴。"

"希望找到自信，能一辈子工作下去。"

"希望得到别人的认可。"

接下来，我给学生们播放了事先准备好的"欢迎来到 MBA"介绍视频（图 1-3）。学生们看了后目瞪口呆，因为视频里播放的都是他们刚刚说过的原因。这些原因来自学生们能够想象到的一切需求，它们用现有的方法也很容易得到，但无法成为营销创意的关键。

图 1-3　"欢迎来到 MBA"的介绍视频界面

其实，他们说出的"想获得 MBA 学位的原因"都不是内在需求。非要说的话，那些都是用成体系的营销手段就可以轻易看透的需求。因为所有人都能想到的需求，是没办法成为好的营销创意的。

那么，获得 MBA 学位的内在需求究竟是什么呢？要想窥视自己的内心，必须做好充分的心理准备。需要鼓起勇气，舍弃自尊，面对自己不想去了解的真实想法，面对想要逃避的自己，这当然需要时间。我给学生们留了一道作业，让他们再次思考连自己都没有注意到的内心深处的想法。

不久后，学生们纷纷发来邮件。

"我现在工作顺利，希望以后能获得更大的成功。可是我发现在我的内心深处一直有一股强烈的不安，担心无法继续做出和现在一样的成绩。"

"我相信自己在工作中积累了一定经验，也做出了努力，可是我总有不自信的地方……而我发现自己在拼命忽略这份不自信。"

"我想了一段时间后，浮现在脑海中的是'我想找到自己的立足之地'。"

这才是内在需求。学生们都是社会上优秀的商业人才，看起来不会自卑。他们大多数人都是他人羡慕的对象。尽管如此，只要是人，就一定会有弱点，一定会有不想告诉别人、平时就连自己都会忽略的消极想法。只有找到了自己的弱点，才能知道沉睡在自己内心深处的内在需求。

营销是"直面客户，提供喜悦"

我认为营销是"直面客户，提供喜悦"。

或许有人会觉得"企业不做慈善活动""明明应该致力于提高销售额，这时却讲精神理论有什么意义"。可是"直面客户，提供喜悦"绝不是做慈善活动。当客户感到高兴时，就会产生想要感谢的心情，并且以金钱的形式支付，销售额正是"客户对产生的喜悦进行支付的总量"。有时候，也许有的客户会被某种需求逼迫着买下商品，可是当客户的内心没有得到满足时，他们不会再次购买同样的商品和服务，也就是说他们不会成为回头客。

对企业来说，获得收益很重要。企业为什么需要获得收益，我认为就是因为要持续进行让客户开心的活动。能让客户开心，才是企业得以存续的大前提。

　　明白了这一点，工作就会变得简单。只要和团队成员达成共识，就能明确彼此需要努力的方向。某位研究人员曾经对我说："我发现研究销售时脑子里是否考虑了营销的思路，最终的成果会有云泥之别。"

　　有人很佩服我的思路，对我说："我做了很多年销售员，本以为很了解客户，现在想法却被彻底颠覆了。"还有设计师对我说："在你的帮助下，我明确了设计方向，工作变得简单，还不断冒出具有创造性的点子。"

　　理解人心不仅会让现有的工作变得更加容易，还让你能够处理难以预料的事情。传统的营销手段和理论框架中使用的数据驱动模式能够有效地处理已经发生的事情，能够预测连续的变化。反过来说，这些手段和框架的弱点在于无法应对突发的变化。无论预算有多少、积累了多么庞大的数据库，都没办法应对初次突发的事件。比如"新冠肺炎疫情不断蔓延，在这种情况下应该开展什么样的商业活动"，这个问题就是最好的例子。没有人知道答案是什么，我们必须摸索着前进，只有自己的内心才能成为灯笼，照亮没有路的前方。

我想大家在以前的生活中有顺风顺水的时候，也遇到过失败和挫折；有值得自豪的地方，也有过作为人的弱点和产生过自卑。如果能仔细挖掘自己人生的经历和当时的感受，就能找到客户内心的频率，与客户内心产生共鸣。

但是，绝对不能以自身的喜好为先，而且我提倡的并不是"只要用心就能了解对方的内心"的精神理论。要封印自我，坚持探寻客户的内心深处，那是依靠传统营销手段和理论框架无法抵达的、由潜意识支配的场所。我们不是要探寻浮出水面的冰山一角，而是要深深潜入水面之下，从深层心理中探寻影响人们行动的需求，针对其内心需求，用心想出解决方法，这才是现代社会需要的产品营销方式。

从我之前举出的"获得 MBA 学位的动机"一例中也能看出，找到自己内心的真正需求并非易事，更不用说要找到能够影响大量客户且让他们高兴的内心需求了，或许有人会不知如何是好，从而迷失方向。

本书会为大家介绍如何利用自己的内心探寻客户的内心，以及找出营销手段和创意方法。只要不断练习，每个人都能做到，甚至可以说这是拥有普通内心的人才能使用的方法。只要掌握了这种方法，它就会成为你最强大的武器。如果能熟练使用它，那么无论是站在销售人员的角度还是创作者的角度来看，都会给日常生活带来好的影响。从下一章开始，我会结合实际事例，向大家介绍在真正进行产品营销时该如何探寻客户的内心，落实营销活动。

第 2 章

走心的产品营销

超越大数据

如何做才能超越传统营销手段，深入了解客户的内心呢？也许有人认为使用大数据等最新技术的营销手段是可以做到的。

近几年，大数据的运用确实在很多领域里被不断推进，产品营销也不例外。互联网服务和从收银机等机器中获得的销售时点情报系统（POS）等积攒了大量用户数据，收集和分析这些用户数据后可以了解客户的购买行动和需求。如今已经进入了能够实时追踪市场动向和客户需求变化的时代。

需要注意的是，大数据只不过是在追踪"已经发生的事情"，尽管它可以应对与过去有联系的连续变化，却无法预测突发的、不连续的变化。大数据中充斥着变化的固定模式或者变化的征兆，然而却无法充分应对社会上急剧发生的变化。一旦自己身边的世界在某一天突然发生改变，那么就连最新的营销手段都不再靠得住。2011 年的日本"3·11"大地震中，我们已经经历过这样的冲击，自 2019 年年底开始的新冠肺炎疫情大流行后，我们再次直面同样的状况。

补习班的入学人数增加

我参加了位于日本仙台市青叶区的教育机构 Global Assist 公司的营销活动，该公司开办了以日本东北地区为中心，面向中小学生的补习班——最佳个别辅导学院。Global Assist 公司成立于日本"3·11"大地震发生的两年前（2009 年），现在已有约 100 间教室，学生也超过了 6000 名。2020 年 2 月，时任日本首相安倍晋三提出的"全国统一休学"口号，对补习班产生了巨大的影响。2020 年 3 月，最佳个别辅导学院的入学人数与前一年同期相比减少了 37%，2020 年 4 月的人数与前一年同期相比减少了 58%。

在严峻的情况不断持续的过程中，我接受了 Global Assist 公司董事长井关大介的工作邀请，制作了一则电视广告，传达了以下信息。

各位中小学生：

大家现在都抱着各种各样的不安吧！

没关系。

让我们在这个夏天挽回损失吧！

我们会全力支持你们！

最佳个别辅导学院

这则电视广告的制作受到了新冠肺炎疫情的各种限制，只能使用简洁的画面，所以我在只有黑板、粉笔字和旁白的广告里下了很大功夫。尽管广告（图 2-1）非常简单，但它播放后依然取得了巨大的反响。2020 年 5 月，最佳个别辅导学院入学人数达到了前一年同期的 1.58 倍这样一个惊人的数字。为什么能迅速取得如此显著的成果呢？其中是有原因的。

其实，在新冠肺炎疫情暴发前，Global Assist 公司的新电视广告的制作已经完成，只等播放了。这则广告的内容传达了"在这个夏天进步吧"的信息，和我的提议完全不同。结果 Global Assist 公司放弃了已经完成的

图 2-1　最佳个别辅导学院广告

电视广告，选择制作全新的广告。

　　请大家以全新电视广告的制作为基础，一起来思考探索客户内心的方法吧。

　　学生此前对补习班的诉求重点是"提高成绩""合理的课程费用""免费入学""试听课价格合理"等。大家一定看过写着以上信息的补习班传单、海报和电视广

告吧。在新冠肺炎疫情暴发前制作的电视广告传达的也
是类似的诉求重点。可是，当感染新冠肺炎的人越来越
多后，补习班的环境彻底改变了。

　　因疫情原因日本全国中小学统一休学，孩子们不得
不待在家里。他们只能拿到学校发的讲义，无法得到学
校老师细致的帮助。父母也不得不应付不熟练的远程办
公和线上会议，更没工夫照顾孩子了。人们心中都萦绕
着不安，不知道什么时候有人会感染上新冠肺炎。在看
不见未来的生活中，孩子们的内心压力不断积攒。

　　"想见朋友。"

　　"要是学习速度跟不上了该怎么办？"

　　"社团活动会变成什么样？"

　　"是不是不能去修学旅行了？"

　　孩子们内心里积攒了太多不安和压力，但快要爆发
的不只是孩子们，还有父母。

　　"孩子光知道打游戏。"

　　"他们完全不想学习，这一点也没关系吗？"

　　"家里有孩子在，没办法工作。"

　　父母的焦虑也已经快到极限了。推特（Twitter）上

充满了父母们迫切的声音："希望学校能尽快重新开学。"

如果各位读者是补习班的管理者，在这种情况下会想出什么样的宣传对策呢？如果根据现有的营销手段来思考对策，应该会想到下面这些点子吧：补习班要限制上课的学生人数，还要安装防飞沫隔板，通过座位间隔保证社交距离等。这些措施也是客户的诉求重点，将它们与客户需求结合，成了"营销需要传达的正确信息"。实际上确实有很多补习班基于这样的需求，在电视广告、传单、线上宣传和企业主页上强调自己的学校满足以上诉求。

不过，我并没有采取以上措施。虽然孩子和家长们提出的难处都是真实的，但这些措施并不能打动他们的"内在需求"，因为当局者迷。更何况新冠肺炎疫情导致的统一休学是从未发生过的事件，正因为如此，才无法依靠传统的营销手段。

于是，我为了深入探寻孩子们的内心，找到沉眠在他们内心深处的内在需求，我开始运用探寻"心灵频率"的方法。接下来我将为大家解说我是如何找到本节开头传递的信息的。

有关孩子的"内在需求"

为了找到孩子们的内在需求、打动孩子们的心，就要"问小时候的自己"。请在脑海中想象出一台时间机器，乘坐它回到童年吧。这次我想要了解的是"初中生的心"，所以我要回到初中时代。

我童年生活在筑丰的煤矿小城饭冢，那座小城距离福冈有一小时左右的车程。每次一回到家，奶奶就会对我说"你回来啦"；母亲外出工作，没有在家；靠养老金生活的爷爷奶奶围坐在餐桌边喝茶。我会带着平静的心情度过晚餐前的时光，却总觉得哪里不太舒服。

当时，我住在乡下一间宽敞的旧房子里，听说是第二次世界大战结束后建成的。土墙上到处是斑驳的痕迹，爷爷用撕开的报纸糊在墙上进行加固。我每次看到爷爷糊墙的样子，心中都会涌起一股悲伤。

妈妈有一句口头禅："要是你爸爸还在就好了。"在我五岁那年，爸爸因为意外事故去世，从那以后，一直是妈妈一手将我拉扯大的。

当时还是孩子的我一直在想，我什么时候能离开这个家呢？什么时候能独立生活呢？

　　"你要好好学习，当一个了不起的人"，奶奶不停地鞭策我、激励我。虽然爷爷什么都没说，但也希望我能够做好该做的事。虽说如此，我依然有一段时期并没有付出什么具体行动，多少有一些为"自己毫无进展"而感到不知所措。

　　就在那段时间里，一位好朋友邀我去他家附近的补习班学习。只要去补习班就能见到朋友，不需要留在家里带着一丝被抛弃的心情等着妈妈回家。上小学和初中的时候，我的成绩还算不错，也会去补习班，超前学习的感觉会让我感到自豪。

　　当我回到"当时的自己"，脑海中浮现出具体的画面时，那时的心情也涌上心头。

　　初中毕业时，我的偏差值[1]将近65。大家都称赞我说"鹿毛君真厉害"，我也坚信自己会拥有光明的未来。可是上了高中之后，情况急转直下。虽然我考上了当

1　偏差值：日本判断学生智力和学习能力的标准。通常以50为平均值，超过50属于较好的成绩。——译者注

地一所重点高中，但升学时的意气风发转瞬即逝，没
过多久，我的学习就跟不上进度了。我参加的游泳社
团每天都要训练，训练后筋疲力尽，根本没办法好好
学习——我给自己找了这样一个"正当"的借口。随
着我的成绩不断下滑，我在别人和自己眼中都成了"落
后生"。

我的偏差值最终急剧下降，跌破了50。事到如今，
我觉得就算去上补习班，成绩也上不来了。我回忆起当
时紧紧束缚住我的、微不足道的自尊心：如果是在始终
名列前茅的初中倒也罢了，现在成了落后生，拼命努力
提高成绩的样子实在太难看。

时间已经过去了太久，很多事情我都不记得了。但
是只要回忆起当时自己的经历和情绪，我就能小心地捡
起过去的记忆，将它们复原。

这个时候重要的是直面自己的负面情绪，尽可能找
到封存在记忆深处、不愿意想起的"讨厌的事"，找到
横亘在内心深处的某种情绪。人们为了向前进，会试图
忘记负面的事情，因为带着负面情绪前进太辛苦，所以
会拼命忽视它们。

对我来说，思考"为什么会成为落后生""为什么不好好学习"是一项禁忌，而且一旦开始思考原因，我就会产生想要找到一个合理解释的心理。结果我不停地找借口，渐渐远离藏在内心深处真正的心情。

一心以为是属于自己的想法，也说不定是现在的自己为了给自己找借口而编造出的谎言。在面对自己的情绪时，要以"自己也没办法充分理解自己"为前提。"尽管没办法用语言解释清楚，不过心中一定存在着某种情绪"，想到这里，我试着用"色彩"来解释我当时的感受。

对我来说，回忆学习成绩好的时代时，脑海中的色彩是"纯净的蓝色"，有时会出现"粉色的光"。这些颜色意味着什么呢？也许意味着当时的我正在因为崭新的自己而激动，而且在粉色的光前似乎还有别的颜色在等待我。

接下来，当我进入高中时，学习跟不上进度，周围世界变成了什么颜色呢？那是一个"昏暗的、没有色彩的世界"，只有在我参加游泳社的社团活动时会带上一层"若隐若现的浅红色"。一个只要回忆起来就会感到沮丧的世界在我面前展开。当一个人直面这样的负面情绪时，就能得到一个内心频率，它用来掌握每个人都有的情绪。只要配合这个频率，就能看到别人的内心。

我通过与初中和高中的自己对话，掌握了内心的频率，接下来我尝试利用这个频率探寻因为新冠肺炎疫情而无法上学的孩子及其家长的内心深处。可以发现，存在于他们内心深处的，不正是"对社会的失望"吗？或许是因为对自己的无力感到困扰，让他们产生了这样的想法。如果拥有如此想法的客户在电视广告上看到了"在夏季补习中努力吧"的信息，会是什么样的心情呢？恐怕这种话在他们听来不过是强加于人、与自己所处的现状分离、悬浮在空中吧。我始终觉得在新冠肺炎疫情传播开来之前制作的广告传递出的"在这个夏天进步吧"的信息，无法贴近客户的心情，于是决定重新制作。

那么，什么样的信息能够触及人的内心呢？如果要对当时跌落谷底、充满无力和失望的自己喊话，我应该说些什么呢？什么样的话能让我动心呢？我想了一周之久，突然浮现在我脑海中的是"没有关系"这句话。

"各位中小学生们，大家现在都抱着各种各样的不安吧。但是没有关系，让我们在这个夏天挽回损失吧。我们会全力支持你们。"

对于小时候的我来说，这是我最希望听到的信息，而且在制作电视广告的同时，我还会在企业网站、数字广告和传单上说明"我们敢说'没有关系'"的具体原因。

结果在本章的开头已经告诉大家了：最佳个别辅导学院的入学人数达到了前一年的 1.58 倍。其他补习班遵循传统营销手段，采取的宣传措施都是传达"现在才是应该在补习班里学习的时候""补习班有完全的防传染对策"等信息，最后的结果是最佳个别辅导学院脱颖而出。

让补习班两次成功复活的方法

虽然新冠肺炎疫情的情况开始好转，但是环境随时都在发生变化。2020 年 7 月下旬，日本的学校重新开学。学校需要迅速补上落后了一个学期的进度，因此开始了强压式教学。于是不断出现跟不上学习进度的孩子，孩子们也越来越焦虑了。最佳个别辅导学院的入学人数与前一年同月相比又减少了32%，学院再次陷入困境。

"你们的补习班能补齐孩子的短板吗？"

"你们能提供什么样的学习方法？"

以上就是那时大部分父母在补习班咨询的内容。如果要在表面上满足这些需求，以"功能诉求"为目标的话，最佳个别辅导学院应该传递的信息如下：

"现在正是学习的时候。"

"一起补上孩子们的短板吧。"

"我们会帮助孩子们跟上进度。"

其他营销人员也许还会想出详细介绍补习班教学计划的方法，"可是父母真正想知道的不是这些，孩子们想要的也不是这些"，这个念头在我脑海中挥之不去。客户不会如此轻易地让我们看到他们内心深处的想法，因为就连他们自己也没有注意到自己的内在需求，所以没办法表达出来。我再次回头问那个高中时代的、陷入失望的谷底的自己。

　　我问自己：当补习班向我详细介绍教学计划，说出"现在正是学习的时候""一起补上孩子们的短板吧""我们会帮助孩子们跟上进度"时，我究竟有没有心动。我得到的答案是"没有"。

　　我也不知道该如何是好，陷入了深深的痛苦。这种时候就算别人让我学习，我也听不进去。但是我希望得到帮助，我的内心在发出悲鸣。什么样的信息能打动我想要求助的心呢？我想到的是"让我们一起制订计划吧"。不是"一起学习"，而是"一起制订计划"。当有人对我说出这句话时，我清楚地感觉到我一直害怕面对的、过去的自己的心门敞开了。与自己的内心对话后，我认为"让我们一起制订计划吧"能打开学生的心门，于是将这个信息作为主打的营销宣传语（图 2-2）。

　　2020 年 8 月，我开始落实以"让我们一起制订计划吧"这句话为中心的营销策略。当月的入学人数惊人，达到了上一年的 2.17 倍。同时，我听说一家竞争补习班的入学人数与前一年同月相比减少了 10% ~ 30%。

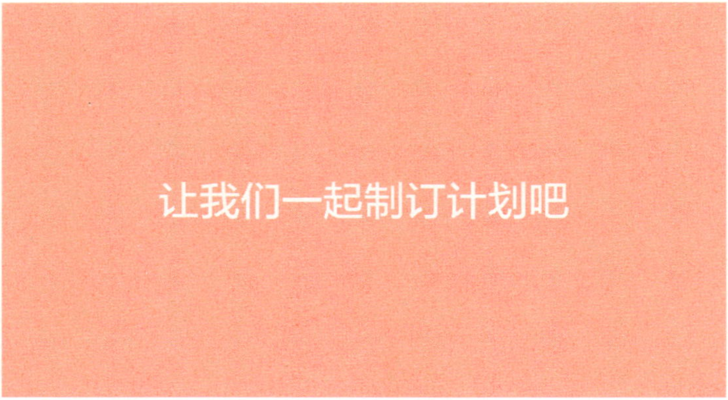

图 2-2 "让我们一起制订计划吧"广告语

最佳个别辅导学院 2020 年全年的入学总人数超过了上一年，学院的重心本来就放在福岛县郡山市等儿童人口显著减少的地区。我相信学院之所以能在人口减少和新冠肺炎疫情暴发的严峻环境下做出成绩，就是因为没有采取"满足需求"的营销手段，而是采取了"满足内心"的方式。正因为我们找到了连客户自己都没有注意到的内在需求，从而采取行动，这才得到了入学人数增加的结果。

人心从未改变

　　"就算深入探寻自己的内心，找到能接近客户内心的频率，找到客户的内在需求，也无法知道是不是真的正确吧"，经常有人向我提出这样的问题。另外，还有人前来向我咨询，表示"要想说服企业里的内部人员，必须通过调查拿到验证结果"。

　　请大家想一想最佳个别辅导学院的例子。

　　如果以调查问卷的形式调查"你对社会有失望之处吗"，恐怕回答"有"的人不会多。因为这是连他们自己都没有意识到的内心想法。就算在采访时换一个问题，用"我想你心中对社会存在失望的情绪，请详细说一说"的说法，依然很可能得不到想要的回答。也许还有人会生气地说："我没有对社会失望的想法，请不要说这种没礼貌的话。"

　　另外，各位调查对象的内心有多大程度的动摇是可以数值化的。当因为新冠肺炎疫情而感到困扰的中小学生们和他们的父母听到"没有关系"的信息时，能在多大程度上产生共鸣，会产生正面还是负面的情感，这些都可以采用传统的营销手段调查出来。在不得不拿出实证的情况下，可以不用关注客户的内心本身，而是集中调查他们的内心对你提出的措施是否接受。现阶段，我得到的结论是客户内心的领域尚未形成体系，最终只能选择"采取行动去验证"的方法。

人们的心底从很久以前开始就一直流淌着同样的情感。"父母关心孩子的心""想帮助他人的心""嫉妒别人的心""无法独自生存的孤独"……这些情感在任何人心里都存在。

前几天，我身边重要的人——我的母亲去世了，我感觉心里空了一个大洞。这种情感是不需要用问卷调查去询问和确认的。当然，人们与父母的感情、心灵的距离和关系各不相同，每个人的情感浓度也不同，或许也会存在对父母的去世无动于衷的人。可这不是通过调查就能够知道的，只是有人能与我们找到的内在需求共鸣，与此同时，也存在无法共鸣的人而已。

为什么新冠肺炎疫情期间制作的广告不主打 "除菌"

　　新冠肺炎疫情对各个领域的企业都产生了影响。我任职的日本日用品公司 S. T. 也不例外，我当时的职务是创意总监。新冠肺炎疫情在全世界不断蔓延，导致从 2020 年 2 月开始，预定要从其他国家进口的新产品原料无法到达，公司不得不大幅变更营销战略。

　　以电视广告为首的广告宣传项目已经付款，拍摄日期也已经确定。该推销什么来代替一开始预定的新产品呢？这个问题必须立刻解决。

　　S. T. 公司的很多商品都有除菌效果。在新冠肺炎疫情期间，如果主打 "除菌"，很可能畅销。这种做法可以获得短期收益，但从中长期的视角来看，有失去客户信任的风险。我的感觉也同样如此，因为人心在面对突发事件时会愈发敏感，如果让客户察觉到企业是想要利用新冠肺炎疫情推销产品，他们一定会对企业失望。就像 "法人" 这个词的字面意思一样，企业作为法人同样有人格。客户会不可避免地把企业当成人，如果在宣传时只考虑商品价值和利润，客户就会觉得这个企业"人品不怎么样"。正是因为如今处于特殊时期，客户才更需要体贴人心的广告创意。

2020年2月，我必须做出决定，尽管当时日本感染新冠肺炎的人尚且不多，可是口罩的价格不断攀升，隐约预示着事态将变得越来越严重。我也一直维持在家工作的状态，有好几次突然感觉头昏脑涨，去医院后，医生的诊断是"压力太大"。我一直想用积极开朗的态度去工作，却不知不觉地陷入忧郁的情绪，深深感到事实无情地摆在了我面前。

于是，我想到了将"改变空气"的信息作为广告制作的核心。S. T. 公司的主力产品有空气清新剂"消臭力"，其核心价值就是清新空气，同时这个信息还有消除社会上不断扩大的闭塞氛围的意思。我和 S. T. 公司的总经理铃木贵子商量后，立刻决定"正因为现在处于特殊时期，才要做出更好的商业广告"。

2020年4月开始播放的消臭力广告（图2-3）中，艺人西川贵教先生手持卷轴，从城市穿过田间小道，一直奔跑到悬崖峭壁之间，大喊着"来改变空气吧"。广

图 2-3　2020 年 4 月开始播放的消臭力广告

告中包含了积极的信息，即消除闭塞的空气。

　　为什么我要传达"来改变空气吧"这个强有力的信息呢？其实我并没有对出演者西川先生详细传达过我的想法。可是西川先生明确理解了我的想法，带着比平时更认真的表情拼命奔跑，甚至跑过了地势不平坦的地方，尽情喊出台词（如下所示）。视频中饱含着西川先生作为"人"的热情，正因为如此，它才能打动很多人的心，实现广告歌和视频的价值。我想这种情况并不常发生，我将在第 8 章中详细介绍为什么能够达到这样的效果。

> 悲伤的时候可以哭泣，
>
> 只是明天早晨，
>
> 希望你能露出笑容。
>
> 啊，我想告诉你。
>
> 啊，我想告诉你。
>
> 来改变空气吧。
>
> 消臭力。

面对突发事件，客户的"心"更容易发生变化

　　西川先生出演的那则强有力的"来改变空气吧"电视广告播放后不久，推特上就收到了很多客户的留言。

　　"我发现我之前都没心思听音乐了，这次和孩子一起唱着歌流下了眼泪。能在筋疲力尽的时候看到这则广告真是太好了，来改变空气吧。"

　　"想笑就笑！想生气就生气！想哭就哭！不用因为现在需要自我约束，就连情绪都要压抑！"

"今天是妈妈的生日。为了让爷爷奶奶、太奶奶看到孩子们健康的样子，大家要振作起来，加油哦。"

"前几天，一位客人真心对我说，谢谢你们开了这家店（零售业），我差点哭了出来！"

"忍住眼泪果然不好啊！悲伤的时候，痛苦的时候，能够想哭就哭，真的是一件了不起的事情！"

可是没过多久，社会上的氛围又发生了巨大的改变。

日本政府发布"紧急事态宣言"，要求除生活必需的情况之外避免外出，要求学校休学、电影院休业，限制举办各种活动。政府不断采取各项预防感染的措施，限制县与县之间的人员流动，限制餐饮店的开放时间，限制人员出勤，要求远程办公等。

在防止新冠肺炎疫情蔓延的角度上提出的"新生活方式"对广告制作也产生了影响。广告业制定了各种各样的指导方针，制作现场的员工和演员自然要遵守，其中也包含着默认的理解："不能做出不符合社会氛围的表现。"

比如以下注意事项。

> · 多人聚集的地方（如餐厅、居酒屋、超市等）有感染的风险，需要注意。
> · 新冠肺炎疫情传染范围增大，出现了死亡病例，慎用"恭喜""值得祝贺"等信息。
> · 2名以上的演出人员出现在同一个空间内时有传染的风险，需要当心。

　　在出现各种各样的指导方针的背景下，电视节目普遍实行隔离演出，音乐现场演出纷纷中止或者改为线上播放。新闻报道都是新冠肺炎疫情的相关内容。社会充斥着"正确的言论"，大家纷纷抨击新冠肺炎病毒核酸检测呈阳性的人，不顾传染的危险也要回老家的人免不了受到指责。高中生们活力四射、载歌载舞的电视广告在网上引发了激烈的批判。

　　按理来说，为了降低感染新冠肺炎的风险，尽可能避免外出是正确的行为，例如不应参加聚餐等。虽然我也认为这些没错，遵守社会规则应该从自己做起，可是在内心深处，我并不接受这些规则，心中藏着不满，总觉得这些规则是不得不遵从的不合理的约束。

　　在这样的情绪中，我开始制作 S. T. 公司的冰箱除臭剂"脱臭炭"的电视广告，想要传达的信息是"融化掉不合理的情绪，享受惬意的生活吧"。我希望看到广告的人多少能从不合理的情绪中解放出来。在这种想法下，我做出了一则内容轻松、活泼的电视广告。

　　演员是前早安少女组合的成员高桥爱小姐和田中丽奈小姐，广告中两人在房间里愉快地吃饭。场景的灵感是从高桥小姐使用的社交软件照片墙（Instagram）上收集来的，重现了她自己的家。剧情设定是田中小姐到高桥小姐家玩。

　　"小爱有什么拿手菜吗？"

　　"凉拌豆腐配鱼子酱吧。"

　　"法国菜？"

　　"还有发酵的豆子配大葱。"

　　"就是纳豆吧。"

　　这段对话没什么意义，不过会让人轻轻笑出声，两人一边说一边将脱臭碳放进冰箱。镜头追随着两人边唱广告歌（如下所示）边跳舞，最后聚焦在冰箱里的脱臭炭上。

> 除去冰箱的味道，
>
> 依靠碳的力量除臭，
>
> 美味的料理，
>
> 愉快的房间，
>
> 脱臭炭。

拍摄这则电视广告时，房间里只有高桥小姐和田中小姐两人。这是我第一次尝试用小型无人机进行拍摄。中途还出现过小型无人机撞上布景坠落的事故，不过最终总算成功绕着房间飞了一圈，一次就完成了拍摄。进入拍摄现场的人很少，而且拍摄时间很短，能够降低传染风险。这个方案孕育出了新的创意。

这则电视广告的拍摄时间是 2020 年 6 月 10 日，当时日本刚刚解除"紧急事态宣言"。虽然广告制作遵循了指导方针，不过广告创意并没有直接接受社会上的所谓"正确言论"。正因为处于紧急事态之中，我采取的态度是：努力接近在紧急事态下发生变化的客户心理。

当社会上开始充斥着"因为……，所以应该……"的"正确言论"时，就需要注意了。人们就算觉得这些言论不对劲，但它们已经被认定是"正确的"，所以也很难反驳。很多人抑制了自己真正的想法，明明心里并不接受这些"正确言论"，也只能安慰自己"这是没办法的事"。也有很多人没有任何怀疑，老老实实地遵守规则。但是我刚才所说的"正确的言论"真的是正确的吗？我认为重要的是重新问一遍"这是真的吗"，并在认真思考的基础上采取行动。

第 3 章

市场调查的偏差会
隐藏真正的想法

超越市场调查

　　为了了解客户，我们销售人员会进行各种各样的调查，最具代表性的调查方法是"调查问卷"和"集体采访"。事实上，这些调查能够让销售人员看到客户和自己想要销售的产品（服务）之间的关系，从而掌握客户的需求，看清战略方向是否正确。只是这些方法无法找到客户自己也没有发现的"内在需求"。

　　在市场调查中有"行动观察"和"深度采访"两种方法可以研究客户的潜意识。需要注意的是，这两种方法不过是帮助我了解客户潜意识的基础，还需要通过观察和对话，在客户的生活方式和人生经历的基础上，用自己的内心探寻客户的内心，具体方法我将在第4章进行进一步介绍。无论如何，我希望大家能有一个概念，这个问题并不简单，不是只要问出"你的内在需求是什么"，就能得到确切的回答。

　　在进行营销的过程中，调查是不可或缺的一步。调查得到的数据，在从说服企业内外确立营销战略到执行的各个环节上，都能为你提供帮助。可是调查并非万能，调查有其局限性，也可能让人落入误判情况的"陷阱"中。只有明白这一点，才能掌握秘诀，充分利用调查这个方便的工具。

"你一周前的午饭吃了什么？"

"两周前的周末，你看了什么电视节目？"

"一个月前，你戴的领带是什么图案的？"

当有人问你上述问题时，你能立刻做出回答吗？我想大多数人都不能。我也一样，只要不是给我留下深刻印象的事情我都记不住，忘记的事情多得让我自己都觉得惊讶。

深信的事情与事实完全不同，这种情况也并不少见。自己说出的"购买理由"和"被产品吸引的契机"也不见得一定是真实的，然而大家还是会认为"自己的事情不可能弄错吧"。下面让我们来看看实际发生的对话。

回答者的误解带来的偏差陷阱

一位 30 多岁的男性和女朋友一起去金泽旅行，吃晚餐时，他选择了一家人均消费 2 万日元的日料店。我问他为什么会选择这家店，他的回答如下。

"难得出来旅行，我想吃些美味的食物。在网上看到这家店后打了电话，店家很热情，价格 2 万日元，也正合适。"

他没有任何犹豫，就流利地说出了"旅行""网络""热情""2 万日元"等关键词。可是我仔细问过后发现，在网上查找饭店的并不是这位男性本人，而是他的女朋友。到达车站后，饭店是女朋友在开往酒店的出租车上上网搜索的。女朋友给他看了主页上的照片，两人一起选择了那家店。

"和女朋友一边聊天一边选择饭店，那段时间本身就很开心啊。"

他害羞地陷入回忆。我继续深入询问后，他又苦笑着说："说起来，每家店的菜品照片都一样，根本看不出来哪家店好吃。"相对菜品，更让他感兴趣的是饭店的外观，那家饭店与金泽古色古香的气质非常相符。"我是靠氛围选择了那家店啊。"他自己也感到吃惊，然后发现了自己心中强烈的想法，那就是"难得出来旅行，想在有金泽特色的地方和女朋友过二人世界"。

"你平时会去人均消费 2 万日元的饭店吗？"

"太贵了，我不会去。虽然我刚才说了价格合适，可是好像不太对啊。"

说着说着，他的意见发生了变化。

当我问他"如果那家饭店的价格是 3 万日元，你会选择吗"时，他有些不好意思地笑着回答："会选择，我非常想和女朋友度过一段特别的时光……说起来，当时并不太在意价格——原来我一开始说的理由全都不对啊。"

我又问了一遍："店员热情、菜品看起来美味、价格正合适，这些都是你选择那家店的理由吗？"

他果断地笑着说："不是。我看到照片上的氛围时，根本没有考虑价格，在打电话之前就决定'就是这家店'了。"

哪怕调查对象不像这位去金泽旅行的男性一样，出现"记忆错误"的情况，也会存在向调查人员"解释错误"的情况。这种情况我也会用实际例子向大家说明。

问题发生变化后，答案也会发生改变

这是关于"饮食生活"的一次简单采访调查。调查对象是 20～30 岁独自生活的单身女性。她们平时的生活方式是什么样的呢？请大家在阅读采访内容的过程中，不断在脑海中勾勒出具体的场景。

首先，我让采访对象回答了几个问题。

问：您喜欢做饭吗？

答：很喜欢。

问：每周有几天会自己做饭？

答：一周五天左右。

问：经常在外面吃饭吗？

答：不经常，大概一周一次吧。

问：您很注重健康吗？

答：很注重。

看到这里，你觉得这位女性平时过着什么样的生活呢？

在我以前教授营销课时，同学们做出了以下回答：

"这位女性注重健康，所以会多吃蔬菜吧。"

"她的饮食应该是以日料为主，特别是以鱼为中心。"

"既然每周自己做五天饭，会吃种类丰富的菜品吧。"

"每周在外面吃的一顿饭，应该是放弃平常的节约和节制，和恋人去意大利餐厅之类的地方一边喝红酒一边用餐吧。"

请大家也记下自己根据这位女性的回答，为她勾勒出的生活方式。

简单的调查到此为止。接下来，为了了解一些更具体的细节，我继续向这位女性提问。

问：那么您平时在家里会做什么菜？

答：因为我想省钱，所以会用现有的材料做饭。调味料之类的东西虽然看到后就会想用，但是我平时不怎么买。

问：能看看是什么样的菜吗？

答：……（不好意思地沉默。）

问：您刚才说"一周有五天会自己做饭"，剩下的两天怎么办呢?

答: 剩下的两天我会吃剩饭剩菜。

问: 如果我再问您一次,"每周有几天会自己做饭",您的答案是什么?

答: 五天吧。

问: 如果我问您"每周在家吃几顿晚饭呢"?

答: 这样的话,每周七次,每天都在家吃。

问: 那每周在外面吃的那顿饭呢?

答: 我不太在外面吃饭,每周一次是和公司里的人约好在外面吃午饭。

　　请大家回头看看此前的对话。我问到自己做饭的次数时,对方的回答是"每周五天"。听到这个回答,大家会觉得这位女性"每周有两天不自己做饭,会在外面吃或者买些熟食回家"。可是当我问她在家吃晚饭的次数时,才知道答案是"每周七次,每天都在家吃"。重要的是当问题发生变化时,答案也会发生改变。

　　在采访调查中,并非只要问出自己想知道的问题,就能得到想要的答案。不同的问法会得到相差甚远的回答。大家一定要铭记在心，觉得这种程度的调查问题简简单单就能设计好，这种自以为是才是造成"偏差"的温床。

"您很注重健康吗？"这种问题也没有意义，因为几乎没有人觉得自己不注重健康。就连我这样会在半夜三更一手拿着啤酒一手吃着零食停不下嘴的人，也会在问卷调查中选择"我比较注重健康"。

另外，还需要注意解释答案时出现的偏差。

例如当大家听到"每周在外面吃一顿饭"的回答时，有没有自然而然地想到是"晚饭"呢？其实这位女性每周会在外面吃一顿午饭，而且不是和朋友、恋人、家人，而是和同事一起吃工作餐。和刚才选择饭店的例子中那位去旅行的 30 多岁男性不同，这位女性说的都是事实，她本人并没有出现误解和记忆偏差。可是我们在分析时任凭想象往错误的方向发展，结果得出了与事实不同的结果，这种情况也是有可能发生的。

对于销售人员来说，掌握调查分析和统计的基础知识必不可少。可是在此之前，更重要的是仔细检查在自己将要进行的调查中，所提出的问题内容是否合适。

当进行问卷调查时，首先要从受访者的视角验证问题本身会不会产生偏差。最方便的做法是将自己作为受访者，试着回答那些问题。这时，窍门是要暂时忘记作为相关人员所掌握的信息，作为真实的自己回答问题。当然，答案的内容本身没有意义，大家需要注意的是在回答问题时，自己心中涌起的情绪。要感受是否有其他力量在推动自己，比如有没有"不想老实回答""想稍微装装样子""不敢说真话"的想法。分析答案时，同样要设身处地地进行分析。在此基础上，就能对调查结果产生更深层次的理解。

问卷调查能得到的信息有限。要想知道客户更详细的心情和想法，就要面对面进行对话或者采访。集体采访（也叫焦点小组）指的是根据特定条件选出5~6名采访对象，由主持人进行提问。采访对象可以根据主题自由发言，采访者根据他们的对话进行分析。

集体采访和问卷调查一样，也存在出现偏差的可能。重要的是要经常保持怀疑，思考"主持人的提问内容是不是在诱导客户""自己是不是对客户的发言囫囵吞枣，没有进行分析""有没有为了图方便，按照自己的想法解释发言者的心理"，要一边验证一边冷静地分析。

　　下面这个例子是我在进行针对新产品的集体采访时发生的事情。当时我组织了多个小组，讨论对新产品的印象，在每个小组中，产品 A 都更受欢迎，所有人都夸产品 A "很出色"。可是当我保持一定距离进行观察时，总觉得有些不对劲。采访对象的表情、动作和语气里有一种无法用语言表达、隐隐约约的别扭。

　　不过在调查过程中，感到有疑问时就是探寻客户心理的机会，客户小小的别扭感都可以为销售人员带来启发。于是我给担任主持的男性递了一张纸条，请他让大家在离开之前，选择一项喜欢的产品带回家。

　　接下来发生了什么呢？对产品 A 赞不绝口的人们选择的却是完全不同的产品。直到刚才为止都被批评得一无是处的产品被争相抢夺，甚至发展到了要进行猜拳大赛的地步。我打从心底感到震惊。人们对真正想要的产品一个劲地贬低，对不想带回家的产品倒是大大地夸赞。我不知道是什么样的心理活动造成了这样的结果。不过通过仔细观察，设身处地地思考后，我只能看出在这个问题上"不存在真理"。

情境也会带来意想不到的偏差

实施调查的场合不同也会产生意想不到的偏差。

我在东京新宿街边做过调查，叫住路人问他们能不能帮忙，征得同意后让他们进房间看四则广告然后填写问卷。

第一个进入房间的是一位四十多岁的女性。我在稍远的地方观察，只见她盯着播放广告的显示屏，表情紧张。要是我独自一人被带到这样的情境中，或许也会表露出同样的表情，她产生"必须好好回答"的想法也不足为奇。另外，人们在不熟悉的环境中也会产生紧张情绪，出现要保护自己的想法。

在这种心理状态下，人们真的能说出真心话吗？我心中带着疑问。请大家想一想自己平时看广告的情景，应该是在自己家里放松地观赏吧，可能会呈现出一副无法见人的邋遢样子，懒洋洋地看着视频。

接下来进入房间的是两名女性。她们一边看着对方，一边咯咯笑。我不知道是因广告而发笑，还是其他原因。不过无论怎么看，两名发笑的女性都更接近我脑海中浮现出的"人们平时看电视广告的态度"。

　　后来还有各种各样的人进入房间。单独参加与多人参加相比，看广告时的态度明显不同。于是我请调查员收集调查结果时，将单独参与的人和 2 人以上参与的人分开统计，于是出现了截然不同的结果。从人数上来说，单独参与的人更多，不过我更加重视多人参加组的调查结果。因为单独参加的人大多并没有带着平时在自己家看广告的态度。在这种情况下，尽管调查时提出的问题是正确的，但是调查情境不同，答案可能会出现偏差。出现偏差的答案不仅完全派不上用场，甚至会导致判断失误。因此有时需要鼓起勇气，下定决心舍弃有偏差的调查结果。

　　我们以调查结果为基础，采取多人参加组的意见，最终决定播放卫生间除臭清新剂"卫生间除臭瓶"的广告。那则广告很有特色，内容是 S. T. 公司（当时叫 S. T. 化学公司）的分店店长配合孩子的动作跳舞，播放后引起了热烈讨论。2004 年 5 月，这则广告获得日本国内广告好感度排名的第四名，创造了公司成立以来的最好成绩，公司当月的销售额也大幅上涨，达到了前一年的 1.6 倍。

进行深度采访不一定就能听到对方的"内在需求"

采访形式的调查还有另一种方法，就是主持人和受访对象进行一对一的深度采访。深度采访不是直接询问关于产品和服务的内容，而是要深入受访对象的内心，探寻他真正想要的产品和服务是什么，找到他自己都没有意识到的内在需求。该如何才能达成目的呢？接下来我会重现一次关于"巧克力板"的深度采访，受访对象是一位五十多岁的男性，让我们一起来看看吧。

通常客户购买巧克力板的原因是"便宜""味道亲切""好吃""在店里就能买到，很方便"等。请大家明白，深度采访的目的是探寻隐藏在这些显性需求深处的深层心理。不过就连客户自己也都没有意识到自己的"内在需求"，所以采访者要一边揣摩客户的心思，一边说出帮助客户自己探寻内心的话语。深度采访不是直接询问"您的内在需求是什么"，客户也不会直接回答说"我的内在需求是××"。采访者要以客户说出的抽象话语为灵感，同时要将心比心，找到沉睡在客户内心深处的内在需求。

采访刚开始，我们进行了十分钟左右的闲谈，在缓解紧张情绪后进入正题。不过我并没有询问客户对产品的感想。因为内在需求不在产品身上，而在客户的心里。也就是说，重要的不是让客户谈论产品，而是让客户谈论"自己"。就算要谈到产品的特点，也绝对不能深挖，还是要回到客户自己身上。

问： 今天希望和您谈谈有关巧克力的话题。您第一次吃巧克力是什么时候？

答： 小时候有一次去医院，奶奶悄悄地给我买了一块巧克力板。有点不好意思啊，一个大男人还吃巧克力。

问： 那么现在，请您想想买到后，自己吃巧克力板时的场景。

答： 吃巧克力板吗？

问： （沉默点头。）

答： ……

问： ……

答： ……（继续沉默。）说起来，我是半夜一个人吃的。这可不行，大晚上吃甜食。

问：您能回忆起是怎么吃的吗？

答：没怎么品尝味道，就是默默地吃。

人在自然而然地探寻自己的内心时，表情和用词都会发生变化。在 40 分钟的采访时间里，这种变化隐约出现了几次。每当机会来临，我就会请他用暗喻的方式描绘"脑海中划过的印象"，请他用颜色、动物或者"沙沙""扑通扑通"之类的拟声拟态词举例。

问：假设你现在在吃巧克力板，想想你周围是什么样的世界？请用颜色表达。

答：颜色吗？深红色的感觉吧。

问：那吃之前是什么颜色呢？

答：无色，没有颜色。

问：你说吃巧克力板的时候是深红色，那当时的心情呢？

答：我没有享受巧克力板的味道，感觉自己心里有想要依赖的部分，也有寂寞的部分。怎么说呢，挺神奇的，我没有想过这种事。

问：假设接下来就要吃巧克力板了。你会把自己
　　比作什么动物呢？

答：小狗吧。我有些惊讶，因为没怎么想过这种事情。

问：原来如此。假设现在你已经吃完巧克力板了，
　　要把自己比作什么动物呢？

答：变成大狗了。接下来我就上床睡觉了，心情突然
　　变得很轻松。

问：感谢你的回答。吃完巧克力板，你变成了什
　　么样的人呢？

答：非常规矩的人吧。

问：最后，请你对巧克力板说一句话。

答：巧克力板，谢谢你。我觉得很开心，我没想过那块
　　巧克力板对我来说意味着什么，这次采访让我想了
　　很多。

　　从这次深度采访中，我明白了受访的五十多岁男性
吃过巧克力板后的内心变化，从"小狗"变成了"大
狗"。这是什么意思呢？我试图经过不断解释，探寻受
访者本人也没有注意到的内心。要想解释比喻性的话语

绝非易事。在熟练解释之前，大家恐怕会为那些似是而非的话语感到头疼。

"为什么吃了巧克力板就从'小狗'变成'大狗'了？"

"关于他的情绪变化，你有什么想法？"

"吃巧克力板看起来是为了消除寂寞、鼓励自己，实际上是这样吗？"

大家或许会提出这些问题，可是这些问题绝对不能问受访者。深度采访只是靠近对方心灵的对话，目的是帮助受访者直面"自己的内心"，与自己交流，是为了找到线索，推测对方自己都没有意识到的、内心深处的某种需求。深度采访不是确认你的假设和推测，因为就算想要寻求简单易懂的答案，对方也没办法回答。

那么该如何解释呢？深度采访前需要用心准备。准备时间至少需要一周，要和销售人员共同设计问题，思考如何提问才能探寻到受访者的内心深处。

销售人员也不能采取将一切交给别人、只需要得到答案的态度，而是要将心比心地分析结果，所以完善的前期准备是必不可少的。

我再重复一遍，就算进行深度采访，客户也不会给出"我的内在需求是 × ×"之类简单易懂的回答。正好相反，客户的语言是碎片化的、抽象的，不能囫囵吞枣地接受客户的答案。进行深度采访的采访者必须用心加以解释，才能找出客户的内在需求。正因为如此，掌握与自己的内心对话的能力必不可少。

第 4 章

深入自己的内心，
做一流消费者

潜意识支配着人们 95% 的行为

　　事物发展都有先后顺序，要是急切地想要一口气找到内在需求，就会受到自以为是的情绪影响，反而远离真理。要想探寻客户的内在需求，磨炼寻找自己内在需求的能力才是先决条件。

　　据说潜意识支配着人们 95% 的行为，销售人员也不例外。销售人员除了有其职业身份外，还首先是一名消费者。在工作之外的环境下，销售人员都是作为客户生活的。找出作为客户自己没有意识到的"需求"，并且以此为线索配合客户内心的频率，这样就能实现打动客户内心的营销战略。

　　只要努力理解自己，就能渐渐看到客户的内心。让我们一步一个脚印，踏踏实实地前进吧。

第一步：锻炼回忆行为的眼力

　　人的行为背后存在某种情绪和意识，可是如果从一开始就试图理解情绪和意识，容易误读自己的内心。请大家回忆我在第 3 章中介绍的事例，一位 30 多岁男性在金泽旅行时，选择了客单价 2 万日元的日料店。一开始，他说价格合适和饭店接待热情是其选择的理由。可是在询问的过程中，他发现比起价格，他的选择更多是出于对恋人选择这家店的尊重，以及这家店与金泽气质相符的氛围。

人是容易自以为是的生物。如果训练不够充分就试图关注情绪和意识，很容易进行错误的解读。训练的第一步，是首先要掌握正确回顾行为的能力，行为是无论别人怎么想都无法颠覆的事实。请大家封存追问引发行为的原因的心理，舍弃情绪和意识，只收集事实吧。下面赶快让我们来试一试吧。

【初级篇】

请以"24 小时之内采取的行为"为题，尽可能详细地写出一篇 600 ~ 800 字的回答。

【回答范例】

会议即将开始前，我去了一趟便利店。尽管剩下的时间不多了，不过我还是毫不犹豫地站在了自动门前。门打开，我走进便利店，来到摆满饮料瓶的货柜前，从最右边走到最左边，然后又回到最右边。我把手搭在货柜门上停留了几秒，思考要拿绿茶还是茉莉茶，然后关上了打开的货柜门。我用余光扫了一眼新上市的冰激凌，然后走向熟食区，来到放饭团的区域。

一位40岁左右的女性站在饭团前面，一动不动地看着饭团，不知道是不是想买。我一边想着真碍事，一边却只能在她周围转悠，没能开口说一句"请让一下"，让她帮我腾个地方。那位女性终于走到了别处，我总算选好了饭团。我的心情也有些焦躁，想着"我不是很赶时间吗"，却还是从饭团区的一侧一个个地看了过去。看到最喜欢的蛋黄酱金枪鱼饭团还剩4个，我很开心。可是不知道为什么，我放进购物筐里的却是旁边的海带饭团。我犹豫着是不是要买2个，最后还是只买了1个。

就这样，我来到收银台前排队结账。和店员进行了一番"要袋子吗？""不需要"的对话后，我突然说："请给我一杯拿铁。"我从店员手中接过一次性杯子后，急匆匆地来到咖啡售货机前面。我看着计时器开始焦虑。放好一次性杯子后，我一边按按钮一边从袋子里拿出饭团吃，想在拿铁倒满前吃完。可是拿铁倒满的时间比我想象中快，我看了一圈，确定周围没有人后，将剩下的1/3个饭团一下子塞进了嘴里，然后逃也似的离开了便利店。

不探寻"为什么要这样做"的原因，只是仔细收集事实，就会发现自己在不自觉的情况下做出了奇怪的行为。

比如：

- 明明知道没有时间了，还在便利店里晃悠。
- 犹犹豫豫，没办法立刻决定要不要买饮料。
- 觉得女性客人挡了路，却没办法出声请她让开。
- 明明仔细确认了喜欢的蛋黄酱金枪鱼饭团还在，却选了海带饭团。
- 最后结账时，还买了拿铁。
- 一边倒拿铁，一边吃饭团。

这些都是下意识的行为，互相矛盾的行为背后应该隐藏着各种各样的心理。请大家抽出时间试着将行为转化成语言，每天只花 10 分钟也没关系。一个月之后，你就能顺畅地回忆起一天的行为了，可以发现自己都没有意识到的事实，训练出自然而然地从客户的言行中发现崭新事实的能力。

【应用篇】

　　请大家熟悉回忆行为之后，尝试扩大把行为转化成语言的范围和领域吧。

　　（1）将自己 24 小时之内的行为转化成语言之后，请继续将前后发生的事情用同样的方法详细记录下来吧。

　　（2）请详细回忆过去发生的事，写出你当时采取的行动。

　　比如：

> ·第一次去迪士尼乐园时做了什么？
>
> ·第一次去星巴克时是怎么做的？
>
> ·第一次换工作后，上班时是什么样的情况？

就像这样，请大家坐上时光机，回到初次做这些事情的瞬间，仔细回忆起当时的情景吧。不断训练后，就能抓住客户的言行，掌握言行背后的心理活动了。

第二步：发现潜藏在自身情绪和意识中的内心

在上一步中，如果你已经能够仔细回忆起自己的行为，接下来就到了深入理解情绪和意识的阶段了。在这一步中，重要的是重新整理自己以前认为理所当然的事实，然后练习理解产生情绪和意识的内心。

我们刚刚走上社会时，被灌输的价值观是"商务活动中，要基于事实客观地说话""凭借主观下决定、表达意见是无法容忍的行为"。我们被教导行为要有逻辑，任何事都要讲求证据。结果我们就养成了习惯，当需要解释自己的行为时，就会牵强附会地说些理由，按照想象中的逻辑去解释，而且不去验证说出的理由是否真的存在，自以为是地认为那就是正确的。大多数人会陷入停止思考的境地，特别是那些自认为冷静、有条理的人更要小心这一点。

我将根据我的一位下属的经历，向大家说明重新解释事实的方法。

会议开始后，她的态度很积极，表示"今天要在规定时间内完成讨论""需要决定的事情一定要定下来"。可是开始讨论时，话题却迟迟没有进展。讨论的明明是已经决定的事情，对方却不是忘记，就是说"或许还是不太对"，结果始终在起点纠缠不清，对方的意见一再发生变化，不一会儿就过去了一小时。

她的情绪渐渐变得消极，觉得"看来今天也许没办法做出决定了"。在最后五分钟，她鼓起勇气又说了一遍"今天希望能定下××"，可是已经来不及了，会议时间已经结束。

她为什么一直忍到会议结束五分钟前呢？我问了她这个问题。她回答说："对方没有认识到自己的理解出现了偏差，就算我突然指出来，他也不会听的。所以我觉得我需要忍耐，不能惹对方生气，要一个个指出对方理解的偏差，才能让会议回到正题上来。可是我觉得之所以会出现理解偏差，本来就是因为对方对这个项目不负责任，我对这一点感到很生气。"

在这里，请大家注意她生气的情绪。首先，我问她在哪个瞬间情绪和意识发生了大幅波动，她的回答是当对方询问自己已经多次告知过的事情时。

于是我又问她有没有经历过和当时的感觉相似的事，她回答说："在扔垃圾的地方感受过。"

"在扔垃圾的地方扔完垃圾后一定要盖上网盖防止乌鸦乱翻。可有时我会看见有人把垃圾直接堆在那里，没有盖网盖。在社会上生活必须遵守一定程度的规则，看到有人为了自己方便而打破必须遵守的规则时，我就会觉得不能原谅。"

接下来，我让她将生气时的自己比作一种动物，她想到的是"残暴的老虎或者狮子"。

另外，我让她回忆和这次不同的、让她感到气愤的场景。她举出似是而非的"在车上正打算坐下，后面来的人挤开我坐在面前的座位上"的情景。将当时的情绪比作动物时，她说的是"豪猪"。我问她，变成残暴的老虎和狮子，与只是变成豪猪而已的情景什么不同呢？她沉思片刻后做出了以下回答：

"开会时，由于理解偏差导致话题迟迟回不到正轨的行为，会让所有相关人员感到困扰，而车上发生的事情只会给我添麻烦，也许这就是区别所在吧。"

接下来，我详细询问了她的家庭情况和生活方式。她突然提到去世的父亲曾经反复对她说过"不能给别人添麻烦"。看得出她非常喜欢和尊敬她的父亲。就像她刚开始说的那样，她在会议上生气是因为对方的"理解偏差""不负责任的态度"，不过或许也可以理解成她的愤怒是源于对方给人添麻烦的行为。

我们的情绪和意识是表面化的，比如我们自己能感觉到喜怒哀乐，也能理解和说明我们的感受。问题在于这些情绪和意识来源于我们自己都没有意识到的内心，也就是深层心理。我们要从平时开始，训练看透自己内心的能力。

第三步：掌握打开心门的能力

我们通过第一步的回忆自己的行为，可以发现意想不到的行为。通过第二步，可以分析产生情绪和意识的心理，下一步就是进行探寻内心深处的训练了。在这项练习中，我们要打开在无意识中自然紧闭的"心门"。

接下来，我会一边举出在"内在需求研究会"上的对话，一边为大家进行分析。

"对你来说，去星巴克的内在需求是什么？"

听到这个问题时，你会如何回答呢？

"那里环境舒适，可以自由工作。"

"疲惫时去星巴克，可以放松身心。"

"我喜欢那里时尚的氛围。硬要说的话，那里是第三空间[1]吧。"

或许每个回答都是大家的真实想法，遗憾的是，这些都不过是表面上的漂亮话。

我称这种状态为"给内心穿上外衣"。每个人的心中都有自己不想面对的复杂想法，或许是自卑情结，或许是不想让任何人看见的弱点，或许是连自己都感到厌

1　第三空间：居住和工作地点以外的非正式公共聚集场所。——译者注

恶的邪恶想法。为了平时能够充满希望地生活，我们会将这些想法牢牢封存。要想理解内在需求，就必须深入这些阴暗面。

请大家不要害怕，主动踏入自己内心的黑暗吧。我们会看到什么样的想法呢？

"我希望尽可能表现得像个商务人士。"

"虽然我在工作上表现出游刃有余的样子，其实我知道，自己的能力根本没有达到这种程度。"

"其实我明白自己必须学习，必须做出努力，必须向别人低头，尽管如此，我依然在逃避。"

能让自己接受这些想法，享受短暂的轻松时刻的地点就是星巴克。当我们意识到这一点时，就会隐约看见星巴克打动自己和周围人的东西是什么。

在研究会上，我见过几名垂头丧气的参与者，他们表示"我是打算脱下内心的外衣，可依然被自尊心所束缚，觉得不好意思、难为情，这让我很受打击"。我对他们的鼓励是："请试着舍弃自尊，正视自己的内心，拥有这份勇气才是真正值得骄傲的事情。"

一位女士告诉我，她发现自己会在半夜独自去吃牛肉饭，这是因为不希望别人干涉自己。一位男士发现自己在上班前一定要去柒一拾壹便利店买一杯咖啡，是因为要激励自己"虽然想要逃避上班，可是不能逃避"。

　　在现阶段，还无法判断深入探寻自己的内心，找出让自己动摇的东西能不能在实际工作中派上用场。这也是因为内在需求不是只有一个正确答案。社会上有无数种内在需求，有些是很多人所共有的，有些只适用于一小部分人。不过重要的是通过掌握引导出自己的内在需求的能力，来掌握探寻他人内在需求的能力。反过来说，如果连自己的内在需求都弄不清，终究不可能理解他人的内在需求。

脱下心灵的外衣，看清客户的内心

　　探寻到自己内心深处的阴暗面后，就能用更深、更广的视野来探寻客户的内心。假如你的父母年纪大了，而且卧床不起，你在处理他们的排泄物时为臭味所苦。于是你产生了需求，希望能想办法除臭。商家如果挖掘到这份需求，或许就会制造出能够消除尿液和粪便臭味的产品，在包装上写上"消除老人床铺周围的臭味"。

这种营销战略乍一看似乎是正确的，可是并没有采取体谅"客户内心"的态度。

请你脱下心灵的外衣，探寻自己面对衰老的真实感受。

"就算到了 50 岁、60 岁，我也希望自己依然能够活跃在工作一线。"

"别人说我是老手或者专家，我一点儿也高兴不起来，反而觉得自己被当成老人了。"

"虽然在别人面前会说些漂亮话，希望自己能'勇敢地老去'，其实说实话，我心里完全没底，充满不安。"

"一想到我有一天会失去作为人的尊严，我就害怕得不得了。"

我从自己内心深处听到了这些声音。

随着年龄的增长，心灵外衣下对衰老的恐惧和不安不是会越来越强烈吗？尽管不知道那份不安是什么，可它确确实实存在。只有去探寻自己不愿正视的内心，才能听到卧床不起的老人内心的痛苦，听到他们内心想要

"守护尊严"的呐喊。

带着这样的想法，在战斗着的老人的床边，怎么能摆放写着"消除老人床铺周围的臭味"的除臭剂呢？要是老人们身边放着那样的产品，他们一定会感到伤心，说不定会失去生存下去的精气神。只有脱下心灵的外衣，才能拥有理解人心的能力。

在床边放除臭剂不是坏事。可是不能在包装上明确写出"老人的臭味"这样的文字。只要企业用心，就能做出看起来像花束和花瓶的除臭剂。这样的产品也能让老人感到赏心悦目，感到尊严得到了保护。无论市面上是否真的有这样的产品，都能诞生出这种有"心"的营销。

上面介绍了寻找自身内在需求的方法。要想探寻内在需求，你要关注自己作为一名客户的行为、情绪和意识，详细地进行回忆，深入理解产生这些行为、情绪和意识的心理。在成为一流销售人员之前，必须成为"一流消费者"。

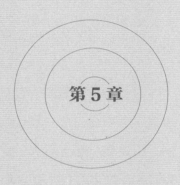

第 5 章

购买产品时要遵循内心

跳出自己的视角

　　社会上充斥着"为客户着想"的说法，可实际情况是，不少销售人员的做法都是为了自己。

　　假设企业开发出一款能够满足客户需求的新产品，可是尽管功能齐全，和其他相同领域企业的产品也有区别，销量却总是上不去。企业认为原因一定是在于"没有向客户传达产品真正的价值"，于是为了让客户更多地了解产品，企业在宣传上加大力度，同时在信息发布上下了一番功夫。这些措施都是从"自己的视角"出发的。

　　要想实践用"心"的营销，不仅要为客户着想，还必须站在"客户的视角"思考问题，而不是站在企业的立场去分析客户，应该站在客户一边，理解他们的心情。

　　过去有一段时期，我自己也想要站在客户的立场上，可采取的措施都是出于自己的视角，所以无法取得成绩，始终处于烦恼之中。下面我将结合各种失败和不顺的具体实例，向大家介绍我渐渐理解了客户的内心并做出畅销产品的过程。

"个头虽小，却能为整个房间除臭"

S. T. 公司有一款产品是"除臭插头"，只要插上插头，加热器就会让除臭清新剂充满整个房间，上市后消费者感到非常新鲜。当初在 S. T. 公司内部开会时，大家提出了以下诉求点。

- 直接插进墙上的插座，不能用单独的插线板。
- 靠电力加热除臭剂。
- 装载过电流保护保险丝和能够保持一定温度的安全加热器。
- 效果覆盖 16 叠 [1] 大小的房间。
- 萃取植物成分，有效消除讨厌的臭味。
- 可 24 小时连续使用，效果可以持续大约 60 天。
- 每月消耗电费 20 日元（当时）。
- 有各种香型可选。

1　叠：日本面积单位，一张标准榻榻米大小，约为 1.62 平方米。——译者注

正因为这是划时代的产品，所以大家想要向客户传递的优点像山一样多。按照销售的成规，要想在竞争中获胜，就要从这些特点中选出最能打动客户的两点，采取能让客户充分认识到产品价值的销售方式。产品刚研发出来时，除臭插头打出的宣传语是"电力除臭无死角"。尽管全面打出了电力除臭的独特功能，却没能大卖。

那么究竟缺了什么呢？作为厂商要怎样才能将产品的优点传递给客户呢？我每天都在自问自答，有一天突然想到"干脆不要从产品的视角考虑了"。我们作为企业的员工，总是容易不自觉地、热情地向客户推销自己企业的产品和服务有多好。然而客户真的爱听这些话吗？为了填补"厂商想要传递的内容"和"客户想要知道的内容"之间的鸿沟，我不断组织以除臭插头的用户和尚未使用过除臭插头的客户为调查对象的集体采访，分析他们的对话。

大部分客户当时都觉得"传统的放置型除臭剂已经够用了，没什么困扰"。可是当我听到"家里插线板不够"的评价时，突然意识到，这句话背后的意思不就是"家里太小"吗？想到这里，"放置型除臭剂也可以用"的意思也发生了变化，可以解释成"反正消臭剂使用时都要藏起来，所以放置型和插头型都一样"。基于这样的解释，我得出了结论，除臭插头的优势在于它的尺寸。正因为它尺寸小巧，才能提供"房间小也没关系""不用时收起来也不占地方"的解决方案。于是诞生出了"个头虽小，却能为整个房间除臭"的宣传语。

2006 年 10 月开始播放的系列广告"除臭插头，教教我！殿下"中，《大奥》[1] 里的女士们手里拿着除臭插头，争先恐后地要插进插座，殿下责备众人不要为小事争执。广告以"个头虽小，却能为整个房间除臭"的旁白告终。在广告播出后，除臭插头的销量倍增。

在除臭插头的广告中，原本甚至没有成为后补诉求点的"尺寸小巧"却给销量带来了巨大的影响。可以说这是一个很好的例子，从自己的视角无法注意到的价值，却能通过站在客户的视角进行观察来发现。

1　《大奥》：日本的系列古装历史剧，由富士电视台系统播出。——
　　译者注

人们为什么要买防虫剂

我再为大家介绍一个事例。S. T. 公司的招牌产品之一是衣物防虫剂"除虫灵"。只需要在换季时将这款产品放进衣橱或者衣柜，就可以保护衣物不被虫蛀，它是春秋季畅销的应季产品。现在，这款产品在衣物防虫剂市场上的占有率依然遥遥领先，它的"无味除虫"的广告词广为人知。

可是这款产品也有需要面对的问题，那就是生活方式的巨大改变。人们的服装从和服变成西装，而且随着快销服装品牌的普及，人们渐渐失去了长期穿同一件衣服的习惯。以前，每家每户都理所当然地摆放着衣橱，可是渐渐地衣帽间代替了衣橱。

在此之前，客户对防虫剂最核心的需求是"想要避免衣服被虫蛀"。然而现在已经能够以便宜的价格购买流行的款式，生活方式正在变成每一季都会更换衣服，经历过衣服被虫蛀的人本来就在减少。没有这样经历的人不会将虫蛀的问题放在心上，就算他们觉得防虫剂没必要也不奇怪。因此 S. T. 公司多年来始终在传递防虫剂的核心功能价值，宣传"虫蛀的麻烦之处"和"防虫剂的意义"。

可是，情况在 2018 年迎来了巨大的转折点，转折的契机是我拜访了与 S. T. 公司保持友好关系的福马研究所。研究所里饲养了各种各样的虫子，包括全世界各个品种的蟑螂。看到蟑螂的瞬间，全体参观者都不由自主地向后退了一步。尽管研究员向我们说明"这些蟑螂没有携带有害的病菌，请大家放心"，虽然我们心里明白，可恐惧还是战胜了理智。后来，我们又在另一间房间里参观了使用杀虫剂的实验，不过在对研究怀存敬意的背后，我内心还是隐藏着不由自主想要后退的冲动。

我在记忆里搜寻是否见过相似的情景，浮现在脑海中的是自家孩子们的身影。我有三个孩子，他们都很讨厌虫子，不管是在家里还是外面，只要看到虫子就会大喊着"爸爸，有虫子"，把我叫过去央求我帮他们赶走虫子。总之，他们就是讨厌虫子，不愿意靠近，交给父亲甩手不管是常态。

我意识到对我的孩子们来说，除虫灵说不定扮演的就是"我"的角色，代替我把虫子从衣服上赶走。只要有了除虫灵，就不需要担心发现虫蛀之后该怎么办的问题，可以自由自在地生活，这才是客户"内心所需求的价值"。

基于这个视角制作的广告是"除虫灵，在那里"。原创角色"除虫熊雄"拿着防虫剂站在房间里，旁边是演员高桥爱小姐。她高喊着："快出来，你就在那里吧！"然后随着"虫虫、虫虫、虫、虫"的缓慢音乐，虫子们（全身穿着紧身衣的男性演员们）一个接一个地出现了。这则广告最大的特点是高桥爱小姐站在距离衣橱三米外将虫子逼出来的场景，表现出大家"不想碰到虫子""想把除虫的事情交给除虫灵"的心理（图5-1）。

图5-1　除虫灵广告

　　制作完成后，这则广告从 2018 年 4 月开始播放，在同年 5 月的前期好感度调查（广告综合研究所的调查）中，取得了作品区综合第一名的成绩。继西川贵教先生和少年米格尔首次合作完成的消臭力广告在 2011 年 8 月获得前期好感度调查第一名之后，又一次获得了第一名。除虫灵的销量和市场占有度的增长趋势同样喜人。

产品用在衣物和米上的意义不同

　　面对除虫灵，人们的深层心理是什么？我们已经知道，这个问题的答案之一是不想碰到虫子。那么，这份内在需求对于所有防虫剂都是共同的吗？答案是否定的。乍一看属于同一领域的产品，如果使用的对象不同，内在需求也会出现较大的差别。典型的例子就是一款名叫"米唐番"的产品。这款产品是在辣椒形状的容器中装入果冻状的辣椒，优点在于只需要放进米缸里就能防止米象虫吃掉大米。

　　在考虑向客户传达什么样的信息时，先要详细调查产品的销售额、市场占有率、竞品的情况、卖场分布、现阶段的客户反馈、季节变动、米的销售情况以及经历过米生虫的人的比例。先要使用传统销售手法了解客户的需求，在此基础上，再进入探寻客户内心的阶段。

客户对这款产品的好评主要集中在"果冻状辣椒形状""天然成分""只需要放进米缸中，操作简单""不会让米染上味道"等特点上。另外，通过调查再次确认客户使用了这款产品后，会感到放心，认为"不用再为虫子而烦恼"。这些功能价值和情绪价值只需要使用现有的营销手段，就能较为轻易地掌握。可是要想做出爆款产品，只有这些因素并不够。如果想要找到成功的突破口，我认为应该在功能和情绪价值上加入"精神价值"。

由于销售人员必须提高销量，这使得他们容易从产品出发思考问题。可是重要的客户几乎没有时间去考虑产品本身，就算有也只是短短的一瞬间。只要回头看看我们自己，就能立刻明白这一点。

在这一年里，大家有想过米唐番这款产品吗？恐怕大多数人连一秒都没有想过。举例来说，就算是喜欢喝酒的人，从早上起床到晚上睡觉，想到产品名称和品牌的时间也不会多。客户不会像企业一样认真思考自己使用的产品。更何况像米唐番这样边缘的产品，可以说几乎不会存在于客户的脑海中。不过，当我们将视野扩大到与产品相关的生活中时，就会遇到意想不到的机会。

日常生活中偶然进行的对话有时也会成为灵感的来源。大家可以完全不提米唐番的名字，问客户一些关于饮食的话题，例如平时如何保存大米之类的。不过，这些对话不是问卷调查或者采访等形式的正式调查，绝对不能一个劲儿地提问题。只需要通过随意、轻松的交谈，就能听到女性的真正想法。

"有时候，冰箱里的食材一不小心就过了保质期。"

"就是就是！之前，我家的蔬菜都烂了，太浪费了。"

"我会尽量少买些大米，放在冰箱里保存。以前大米就生过虫子，特别讨厌，总觉得挺浪费的。"

仔细盘问过后，我发现人们会下意识地使用不同的说法，如果蔬菜和肉腐烂了，就会觉得浪费；如果大米生虫了，也会觉得浪费。

之后，我继续深入探寻自己的内心，试图找到深层心理。我似乎将米看成了"纯洁、需要尊敬的食物"。我想起小时候吃饭时，母亲和爷爷奶奶反复告诫我"大米是农民伯伯辛辛苦苦种出来的，一粒都不能浪费啊"。我意识到对我来说，大米和其他食物不同，具有神圣的意义。

于是，我在思考米唐番的营销战略时，决定打出"守护日本文化"的主题，广告词如下所示。也许有人会觉得主题太夸张，不过我认为这个主题最符合大米的神圣气质。

> 为大米除虫，米唐番。
> 辣椒的力量，米唐番。
> 守护日本文化。
> 大米大米大米，米唐番。

米唐番的广告导演、策划以及作词作曲都由我担任。就连店面里摆放的宣传物料和产品主页都统一设计成了"保护日本文化"的主题。我结合功能价值、情绪价值和精神价值，用一套组合开展营销策略。这款产品刷新了米缸防虫剂的市场占有率纪录，直到现在都稳居第一名的宝座。大家明白了吗? 就算同样是除虫剂, 使用除虫灵和米唐番时, 客户的内在需求也会完全不同。

　　当然, 对于所有产品和服务来说, 核心的功能价值是绝对必要的。可事实是, 核心价值并非全部, 也有客户会因为产品的精神价值而购买。因为客户自己不会意识到这一点, 所以会说 "我不是跟随自己的心购买产品, 而是采取了合理的行为"。

　　除了像除虫灵这样价格较低的消耗品外, 就连汽车和房子等高价商品, 客户也不仅是根据合理的判断而购买的。我认为这是符合人性的。每一位客户都有心, 正因为如此, 在不知不觉中跟随自己的心购买产品是理所当然的。从这一点就能够明白产品开发及营销活动的重要准则。

女高中生是什么样的人

　　在以走上社会的人为对象教授营销课程时, 我经常会问出以下问题:

"各位，你们认为女高中生是什么样的人？"

其实这个问题相当于一次石蕊试纸实验[1]，用来测试大家的"顽固程度"。大多数人都经历过高中时代，尽管性别不同，开始时大家的答案依然总是千篇一律的。

"女高中生对流行很敏感。"

"女高中生喜欢结伴行动。"

"女高中生憧憬恋爱。"

"女高中生很时尚。"

有趣的是，我问过曾经是高中生、如今年龄在30~40岁的女性，她们自己也是这样的吗？几乎所有人的答案都是"我不是的"。可以理解，女高中生也是多种多样的。有的学生在车站等车的时候都要捧着书本努力学习，有的学生热衷于在园艺社种花种草，有的学生在管乐队以参加全国大赛为目标。或许有的学生不仅没有交到关系要好的朋友，还要和性格不合的同学做出关系要好的样子；有的学生和父母或者兄弟姐妹有矛盾，却依然带着笑容去上学；有的学生因为压力太大，

1　石蕊试纸实验：检验溶液酸碱度的一种方法。——译者注

不愿意再走进教室。

尽管女高中生的性格多种多样，大家的答案却总是标签化的，这是为什么呢？

我认为原因有两个。首先，大家太注重基于事实、有依据的营销，于是只看到了容易转换成数字的切入点。大家总是要被迫判断答案适用的人数，就像是要判断"n（分母）是多少"，因此很难出现简单易懂的标签化答案之外的解释。

其次，这个现象是不充分理解媒体报道的结果。媒体报道中经常能看到"在女高中生里引发热潮"之类的话语，综艺节目上也会反复出现笑容满面的女高中生和朋友一起玩闹的场面。事实上，有些产品和服务确实是因为在女高中生之间引发热议而成为爆款的，可是仔细想想，原因或许是只有追逐流行才能融入集体，她们在愉快地接受采访时，说不定也有着众多烦恼，只是在摄影机前集中表现出了"开朗"的部分。

综艺节目在剪辑时会重视能够吸引观众的因素。几十个人的采访自然不会全部放出，而是会选择综艺感强的人和素材，巧妙剪辑而成。剪辑本身不构成误报或者摆拍，可是将被截取的事实组合在一起后，往往会产生和真相不同的效果。这才是人们脑海中存在"标签化的女高中生"的原因所在。这种事情不仅仅会发生在女高中生身上，对"20多岁的家庭主妇""60岁以上的老人"等这些营销中容易捕捉到的客户群体的标签化理解，都是出现思考停止现象的典型案例。

如果不懂客户的"心"，就要使用一切手段

S. T. 公司从 1998 年开始进军文化产业，2003 年之后，在札幌到福冈等八地演出音乐剧《绿山墙的安妮》。每年 4—6 月，S. T. 公司都会在网站主页、线下门店、电视和报纸上发布征集观众的通知，通过抽签的方式选出 2 万人免费观赏。每年有 20 多万人参与抽签，所以不容易抽中。出演过安妮的有田中丽奈、上白石萌音、高桥爱、神田沙也加等歌技和演技俱佳的演员。元宝冢成员安奈淳、旺夏希，童谣界第一人大和田律子也曾出演，最近还请到了唱功优秀的樱真耶。这部音乐剧直到现在

还在上演，已经成为日本最有名的音乐剧之一。

这个项目最大的特点是，S. T. 公司并非只是作为赞助商出钱，而是所有员工都会参加。每场演出有近 30 名 S. T. 公司的员工会穿上员工 T 恤、戴上耳机，实际参与到活动中，迎宾、检票、在场内引导、目送观众离开。每年，S. T. 公司的员工能见到 2 万名观众，直接与他们进行交流，学习从客户的视角考虑问题。

演出当天，员工集体开会，做好用心迎接观众的准备，然后进入正式演出。第一年，虽然我们想要用心招待观众，可是却遇到了瓶颈，留下了需要反省的地方。"想用心招待"是站在自己的视角思考，而不是站在观众的视角。

我再一次深切感受到这一点，是在第二年的演出中。演出当天早晨，会场前已经有上百人在排队。由于座位会按照到场的顺序排列，因此甚至有人熬夜排队。

我来到站在最前面的观众面前和他搭话，因为一个穿着员工 T 恤的人突然坐在自己旁边，所以那位观众吓了一跳。我没有刻意问问题，只是请他详细告诉我从看到通知后到应征、入选后来到现场的过程。因为我平时不会选择排队，所以希望从客户那里了解他们的心情、情绪和想法，这是在将心比心之前需要解决的问题。

接下来，我走到队伍中间，坐下来与客户对话，然后排到了队伍最末尾。我突然注意到，我眼中出现的不是观众队伍，而是正在工作的 S. T. 公司员工们。当然，从 S. T. 公司员工的角度来看，他们看到的是观众队伍。我意识到我们平时看观众自然会站在自己的视角，只有坐在观众之中，才能看到运营方在观众眼中的样子。我应该站在观众的视角用心做准备。

站在观众的视角，和他们共情，与自己的内心对话后，我心中涌现出各种各样的疑问。

"这列队伍究竟是怎么排成的？"

"前面的人怎么样了？"

"如果离开队伍，之后还能回到原处吗？"

"想去洗手间的时候该怎么办？"

"不到预定时间，就不能分到座位吗？"

"什么时候才能摆脱这种状态呢？"

站在观众的视角，我才明白带着期待而来的观众心情并没有我们想象中那么开朗，他们内心翻涌着负面情绪的漩涡。接下来，我在会场中脱下工作人员的 T 恤，彻底变成观众，分别审视自己和观众的情感和心理变化。我倾听观众在演出开始前的对话，关注每个人的行为和动作，悄悄观察着他们从检票、入场寻找座位时、坐在座位上打开演出介绍册，一直到离开会场时的行为。当然，我也看了演出结束后观众在推特和博客上留下的评价。

观众的内心深处存在着什么样的深层心理呢？我找到了理所当然的结论，那就是："不要打扰我，我只想集中精神欣赏演出。"这是我从工作人员的视角无法注意到的事情。我明白了观众要的不是周到的招待，而是消除"带来负面情绪的排队时间"。

基于这项发现，我从第二天开始修改了运营方法。

工作人员会在脖子上挂着标示"预计分到座位的时间"的计时器，并且通知排队的观众，同时告诉他们在预计时间之前可以离开队伍。在告知观众卫生间所在地和排队结束时间等信息之后，如果看到队伍中有年纪大的人，就要引导队伍走到凉快的地方。

我计算着时间，开始尝试用有趣的语言向排队的观

众介绍"音乐剧《绿山墙的安妮》上演前的经过""今
天的看点"等。我希望观众能在无聊的等待时间里，稍
稍忘记一些"负面情绪"，将精神集中在音乐剧本身。
在我开始介绍后，原本无聊的观众们表情一下子变了。
每次在我说完之后，他们都会送上掌声（图 5-2）。于
是在我介绍完之后，观众们排队时的心情看起来也变得
愉快了。

图 5-2　开场前跟观众对话的笔者

　　音乐剧《绿山墙的安妮》的演员同样是"活生生的
人"。虽然专业演员在舞台上为大家表演看似是理所当
然的，然而实际上并非如此。

主演田中丽奈小姐有 186 句台词，要演唱 22 首歌，光是记住台词和歌词就很不容易了。她沉浸在安妮的角色中一遍又一遍地练习。数十名演员都在认真挑战自己的角色。前来参观舞台排练的员工们看着数十名演员站在一起，站位、动作和对手戏都已经成为肌肉记忆，纷纷为这份辛苦感到震撼。例如全体演员登场的开场歌舞，在正式表演时会优雅地将我们带入绿山墙的安妮的世界，然而排练时的景象与正式表演完全不同。

每一次舞蹈，演员们都会气喘吁吁、汗流浃背，尽管如此，他们依然一次又一次地练习，不能放慢速度，不能撞到对方。我明白了所有场景都是在不断的练习中越来越好，最终迎来正式演出的。

舞台上的表演并非单纯地重现练习时的情景，而是有着我在练习时不曾见过的"现场感"。尽管是同样的台词、同样的歌曲、同样的舞蹈，可每场公演诞生出的安妮的世界都与众不同。舞台上展现的并非技术性的演技，而是演员的内心相互碰撞而诞生的作品。舞台上的情感绝对不是一句轻飘飘的"请欣赏演员们的演技""请尽情享受"所能传达的。演员们在用灵魂呐喊："请大家看到我们活生生的姿态。"

我开始想办法将演员们的内心传递给观众。从报名用的明信片、中签通知到会场里派发的小册子，我尽可能坦率地将演员的内心展现给观众。目的是让观众从报名到排队再到观赏舞台时，都能带着"用心观赏舞台"的想法和演员的心情产生共鸣。

经过多年的运营，我们项目组的成员心里在不知不觉中形成了具体而明确的观众画像："观众是四十多岁的女性，住处距离大城市有一小时左右的车程。家里有两个孩子，其中一个坐在轮椅上生活。七十多岁的母亲住在家附近，帮忙做家务、育儿，可她们平时依然没时间看电影，更不用说看音乐剧了。她们会在药妆店购物，偶尔休假时，会在家悠闲度过。在平静的生活中，她们抽中了两张《绿山墙的安妮》的入场券。刚抽中入场券时，家里人不知道该让谁来会场。是让两个孩子一起来，还是母亲带着孩子来？或许可以让外婆带着孙子来看。无论是什么样的组合，为了充分享受《绿山墙的安妮》这部音乐剧，他们做了多次模拟，就等着迎接演出当天。"

　　这个设定绝不是我们随便想象出来的，也不是抽取出众多观众的共通点后笼统得出的目标。只有在准备时就带着让观众开心的目的，才能得到我们想要的效果。我们始终将这些家庭成员放在心里，一边商量一边准备，站在家庭成员的视角考虑对策，做所有能做的事。这样就能让《绿山墙的安妮》项目更加充实。

　　"和客户体验同样的事情"，听到我的话，一定会有人反驳，"不是所有事情都是自己可以经历的"。

　　"我是男的，不懂女高中生。"

　　"我没有那么多钱，没办法体验昂贵的产品和服务。"

　　我见过很多不去做或者做不到的理由，可是只要你还在说这种话，就一步都无法前进。

　　当然，有些事没办法和客户一起体验。比如要负责大型摩托"哈雷大卫逊"的营销时，如果没有大型摩托的驾照，就没办法亲自驾驶。但是请大家不要放弃，试着去想象自己在驾驶。

　　在此前的人生中，你真的没有"乘坐在比自己的身体更大的交通工具上，毫无防备地暴露在空气中"的经历吗？比如坐过山车，或者滑雪时从山上滑下。就算行为细节不同，深层心理中不是也有些许共通之处吗？只要仔细回想，努力尝试自己可以实践的类似体验就好。无论使用何种方式，都要让自己变成客户，然后能够理解客户内心的瞬间就会到来。

第6章

企业同样有"心"

我作为销售人员的重大转折点

在前文中，我向大家介绍了深入自己的内心、探寻深层心理，从而深入理解客户内心的方法。在此基础上，要想在工作中充分发挥这种方法的作用，将心比心非常重要。虽然企业是作为一个整体活动的，不过就像我们每个人都有人格一样，企业也有自己的"人格"，有自己的"心"。体现"企业之心"的就是企业理念。

企业理念不是漂亮话，它体现了"企业为何存在，如何承诺要为社会做些什么"。我第一次深切感受到这一点，是在上一份工作中经历雪印事件的时候。

大学毕业后，我作为应届毕业生进入了雪印乳业（现在的雪印奶粉），我得到的第一份工作是红酒销售。出于对销售人员的憧憬，我在 31 岁时去美国留学，获得了 MBA 学位。当时，我既没有销售经验，也没有充分学习相关销售知识，对销售人员的印象只是光鲜亮丽、时髦潇洒。

获得 MBA 学位后，我回到日本，完全陷入了自负状态。我深信只要运用第 1 章中介绍的"4P 理论"和

"STP 分析"这些营销框架，一定能打动客户。现在回头去看，我当时实在是一个水平极低、十分讨人厌的家伙。2000 年 6 月，以近畿地区为中心发生的"雪印食物中毒事件"成了改变我的契机，我的价值观发生了天翻地覆的变化。

产品和企业不是主角

　　当时，我在雪印乳业负责一个针对约 2000 名销售人员的改革项目，乘飞机在全日本飞来飞去。我虽然隶属于东京总公司，不过一接到食物中毒事件的消息，就和其他同事们立刻赶往受害地大阪。总之，我们必须要向遭到伤害的人们道歉，一心想着如果不亲自到场，就无法传达歉意，于是来到了客户身边。

　　我们拜访了有两名小学生住院的受害者的家。当时我还不清楚食物中毒的原因和经过，我能做的只是询问母亲的感受，询问她与孩子交流时的感想和心情、生活中是如何使用雪印乳业的产品的，并且聆听她的倾诉，从心底表示歉意。

"我希望雪印乳业能加油，雪印乳业的产品都是孩子们成长过程中不可或缺的，请你们加油。"

我可以作为个人道歉，却不能代表企业道歉。当时，我深切地感受到企业"人格"的重要性，为纸上谈兵、只知道说些官方辞令的自己感到羞愧。

还有一次，我收到了另一位母亲的信。信上写着："我是母亲一个人带大的，现在我生了孩子，也成为一位母亲。我小时候生活非常拮据，母亲没有奶水，却会给我冲雪印乳业的奶粉。雪印乳业的奶粉是货架上价格最贵的奶粉，对我母亲来说，买雪印乳业的奶粉是下了很大决心的，雪印品牌包含着母亲对我的爱。"

我没办法轻易写出回信，而且我从这封信中明白了，品牌不是企业本身，而是客户的生活和人生中的某种存在。

我们去受害者家里道歉时，通过交流发现了一个道理：只有让客户高兴，企业才能存续。在此之前，我从来不知道我的营销框架中没有放入客户的心。销售额不是单纯的数字，而是客户的全部"谢意"。从那次经历中，我得出了一个结论：能得到客户越多的谢意，就能取得越高的销售额。

员工人格和企业人格

2000 年 8 月，日本厚生劳动省为全日本 20 家工厂的安全做担保，雪印乳业得以重新开始生产。企业渐渐重新赢回客户的信任，到了年底，销售额已经恢复到食物中毒事件前的七成。整个公司充满着再加一把劲儿就会变得更好的氛围。

就在这时，发生了最糟糕的事情：雪印乳业的子公司雪印食品被曝出销售"假牛肉"问题。尽管这两件事情之间没有直接因果关系，可是人们的目光却完全不同。同样打着雪印商标的企业两次背叛了消费者，抗议声超过了上一次，引起轩然大波，企业置身于媒体的炮火中。

"不能再这样下去了。"

我和想要贡献自己的一份力量、主动开展学习会的同事一起建立了"雪印体制改革会"，成员一共有七人。

在一次又一次的讨论中，我们认为首先必须要做的是倾听客户的声音，于是在客户的协助下举行了一场座谈会。客户的批评声音远比我们想象中要严厉。

当时，雪印乳业的管理层在企业内部发表激励演讲，要求"必须用产品找回失去的信任"。也就是说，管理层认为，只有以一颗真挚的心，问心无愧地继续发售产品，才能找回信任。雪印乳业是生产商，用产品找回信任是理所当然的。可是这项决定不能解决周围客户的严厉指责。因为客户批评的不是产品，而是对雪印乳业品牌本身产生了怀疑。

客户的评价是"产品挺好的，可是管理者不行，员工勉勉强强吧"。于是我们以员工的名义，向管理层提议打出真诚的道歉广告。这是前所未闻的提议，有人赞同也有人反对，不过既然以前想到的道歉方法都不管用，管理层认为只能采取这样的选项。

然而困难才刚刚开始。该采取什么样的文案呢？经过激烈的讨论，我写出了一篇从员工个人角度出发的道歉文，内容是"我们怀有真诚的歉意，希望大家给我们一个机会重新开始"。对我们自己来说，这篇文章没有任何谎言，是我们出自真心的话。可是为谨慎起见，我在广告制作前调查了客户的反应，结果惨不忍睹。客户表现出彻底的拒绝，甚至说出"我再也不想见到雪印了"这样的话，这让我大吃一惊。我想真诚面对客户，却遭到了否定。

客户想要确认的本来就不是员工的个人心情，而是企业人格。就算我们用语言表达出员工的个人想法，客户也不会接受。和客户交流时，必须找出作为企业应该传递的话语，才能达到目的。于是，我没有因为客户无情的反馈而气馁，而是一次次修改文案，以全体员工组成的企业人格的口吻发布了道歉文章。

那次经历在我心中留下了深刻的印记。就算我走到受害者面前道歉，也没办法面对眼前的客户说出任何一句话，只能低头致歉。没有任何一名员工能代表企业人格做出反省和承诺。雪印乳业的创业者志向高远，曾经说过"要在健康的土地上培养出健康的人民"。我们在事件发生时没能明确展现出企业人格，对之后与客户的交流产生了巨大的影响。

地震发生后企业广告被公共广告占用的原因

接下来，时间来到 2011 年。我进入 S. T. 公司后参与制作的消臭力广告受到了观众的喜爱，那则广告由西川贵教先生和少年米格尔共同出演，2011 年 8 月，该广告被选为日本好感度最高的电视广告，有幸取得了多个广告大奖。

"有米格尔在真好。"

"你是在哪里发现米格尔的？"

"这是米格尔的效果。"

我听到了众人的祝福。米格尔是住在葡萄牙的一名普通少年，歌唱得很好听。我在紧急举行的甄选会上遇到了他，这就是命运吧。也有人说"起用西川先生很好"，其实这并不是"起用"，我会在第 8 章中进一步介绍，我与西川先生并非广告主和出演者的关系，而是一同卷起巨大漩涡的伙伴。我们命运般的相遇得益于西川先生的粉丝们。那则广告获得了罕见的成功，它是企业、客户和出演者共享企业理念，共同创造出的作品。

那则广告诞生的契机是 2011 年 3 月 11 日发生的日

本"3·11"大地震。那天，我正在冲绳录制节目。平时总是发些无聊消息的朋友突然发来关心，问我"还活着吗"，我当时什么都不知道，只觉得他无聊。可是其他朋友们纷纷发来消息报平安。究竟发生了什么？我带着莫名的不安回到酒店，打开电视一看，一时间说不出话来。电视画面上播放着难以想象的景象。我急忙给住在东京的家人打电话，确认家人都平安，可却完全联系不上 S. T. 公司的员工。就算想确认情况也联系不上，不久后，连电话都打不出去了。

电视上接连不断地播放着受灾地凄惨的景象。突然间发生了一场令人难以置信、毫无现实感的大规模灾害，现场究竟发生了什么？光是想想就令人感到恐惧不已。同时，我对束手无策的自己也感到愤怒。

同行的广告代理负责人也联系不上东京的同事，结果到了 11 日傍晚，我们才掌握了电视台的情况。地震发生后，私营电视台立刻撤下广告，连续播放特别报道。可是哪怕在播放特别报道的紧急时刻，按照原则，播放开始 48 小时后，就要恢复正常播放，插入广告。当时，广告主面临两种选择，一是直接播放已经制作完成的广告；二是替换成公益社团法人 [1]AC 日本制作的公共广告。广告主必须在两天内做出判断。

不过，就算换成了 AC 日本的公共广告，还是要支付广告费。因为替换成 AC 日本的广告，说到底还是为了广告主自己方便。在平时，企业很难理解为什么好不容易买下广告时间，却不播放自己的广告。可是发生灾害时就不一样了。在需要为了活下来而挣扎的紧急事态中，或许有人看到平时的电视广告也会受伤。地震发生两天后，是否用公共广告代替自己的广告，不可避免会被人们看作"企业的态度"。

在 S. T. 公司，能够左右企业人格的判断本该由总经理裁决。可是既然联系不上总经理，就不得不由我这个现场负责人来下判断了。我认为，在受灾情况尚未确认，以及不明确企业面对灾情时应该采取什么样的态度，就不可能重新播放企业的广告。11 日傍晚，我在酒店做出了决定：在冲绳的一家酒店用公共广告代替企

1　公益社团法人：与营利社团法人相对的称呼，指以谋求社会公共利益为目的，不以营利为目的而设立的法人。——译者注

业广告。

　　第二天，也就是 3 月 12 日，我只知道受灾情况十分严重，却并不了解全貌。一大早，我就去了那霸机场确认航班信息，可依然不知道飞往东日本的航班何时能够起飞。13 日，我终于坐上了从那霸机场飞往羽田机场的飞机。14 日，我原定出席经理级别以上的成员会议，结果早上起床一看，电车因为停电而停运了，我上班路上要花一个多小时，只得放弃出勤。我听说铃木乔先生（时任 S. T. 公司总经理，现任董事长，下文称他为铃木董事长）骑了十几公里自行车去上班。经营企划室和销售部等所有部门的同事都拧成一股绳，在努力思考自己能做些什么的时候，我在干什么呢？尽管我深感羞愧，能做的却只有不停地看电视和推特。

深入内心，不断与自己对话

　　推特的热搜以前所未有的速度在刷新，目之所及全部都是和地震有关的消息。每次发生余震，热搜上都充满了"可怕"之类的字眼。与核电站和辐射相关的话题让所有人都变得敏感。同时，还能看到许多相互鼓励的信息，大家对彼此说着"加油吧""一定要加油"之类的话。就连刚刚失去亲人的受难者也没有哭诉一句，而是在推特上发着"加油"。

"电视画面太令人难过了。"

"我再也不想看到那些报道了。"

"只能看到地震的报道和 AC 日本的广告吗？"

人们在推特热搜上发出的声音同样是我的心声。该怎么办才好呢？应该从什么时候开始播放正常的广告呢？如果要恢复正常播放，那么又可以播放什么样的广告呢？该如何抚慰受灾地区的人们，以及受到严重打击的每一位日本人的心灵呢？如果是平时，我可以一边跟别人讨论一边思考，可是在非常时期，这种特殊情况不允许我找人商量，而且这种事情也没有先例。

我始终关注着推特热搜，在自己的内心深处探索。突然我五岁时的记忆浮上心头。当时，我父亲因为车祸去世，我无法忘记母亲当场崩溃、泣不成声的样子。除此之外，关于那次事故的记忆都是碎片式的。只有在父亲葬礼当天，母亲在厨房和邻居们有说有笑的身影清晰地了留在我的脑海中。我一直感到不可思议，之前还泣不成声的母亲为什么能笑得那么灿烂呢？

地震刚刚发生后，我在不断阅读推特热搜的时候，突然想起了父亲去世时"母亲的笑容"。母亲明明身处巨大的悲伤之中，可是她为了重新站起来继续前进而露出笑容。我认为连母亲自己都没有意识到，内心深处的某种情感让她笑出来。

我激励自己："我能做的果然还是广告。"于是我下定决心，要制作一则以"回到日常"为主题的广告。

地震发生五天后的决定

我急忙整理思路，向铃木董事长汇报了我的方案。

"我觉得正是因为现在处于特殊时期，才应该做广告。做广告也没什么不好吧？"

"你说得对，这个时候才要让大家看到我们的志向！"

虽然决定要制作广告，可东京依然在停电中，所以我认为应该避免用电。于是我制订了在其他国家拍摄的计划，并立刻将葡萄牙列为第一候选地。1775 年，葡萄牙首都里斯本遭到大地震，随后引发海啸灾害，27 万名里斯本市民有 1/3 失去了生命，85% 的建筑遭到破坏。据说那是欧洲史上最大的自然灾害。日本今后要以复兴为目标，里斯本自然是广告制作地的不二之选。

可是，制造"消臭力"的福岛工厂因为灾害的影响无法运转。在这种情况下，提出在其他国家拍摄这种让对方无法欣然接受的计划真的好吗？我当时十分犹豫。可是铃木董事长听过我的话后立刻站起身来和我握手，他鼓励我说："鹿毛君，你太了不起了！这是对日本东北地区的报恩。我很期待会拍出什么样的广告，尽情展示你和 S. T. 公司的气魄吧。至于详细计划，你就在飞机上考虑吧。"

地震发生两周后，我们广告制作组出发前往葡萄牙。尽管得到了总经理的许可，然而地震刚刚发生，企业内部依然混乱，我们是在没有取得董事会同意的情况下出发的。于是我将自己的想法写成邮件，发给了所有董事。我在这里精选一部分邮件内容予以公开。

很遗憾，本次预定于春季播放的新广告，由于不符合当下情况而中止播放。地震后，人们的心情自然会发生巨大的变化。网上出现了"想看到令人愉快的 S.T. 公司广告"的意见，可是人们的想法始终在改变。我一直在烦恼，该如何理解客户的内心变化，该打出什么样的广告。因为 4 月下旬广告就要播放，所以我不得不立刻做出决定，投入拍摄。

我一直在观察电视上的报道以及网络上的舆论，据此将今后的表现手法定为"让观众看到广告后，能产生努力向前的心情。哪怕仅仅表达出一丝想要推销产品的意思，如今也会遭到客户心理上的抗拒。如果可能的话，我希望找到一个点，让无论是直接受灾的人，还是没有受灾的人都能产生共鸣"。我也看到有人提出"这不是抛弃了 S. T. 公司迄今为止的经验吗"，可是我认为如今应该集中精力，做出"能稍稍触动心灵"的广告。另外，"高高在上，充满说教意味的广告"和"刻意催泪的广告"都与客户心中 S. T. 公司的企业人格不同。我认为只要制作广告的成员不是伪善的，就能做出触动人心的广告。

我认为这一次，现场思考和现场制作是最重要的。

希望各位务必理解和支持。

　　　　　　　　　　　　　　　　　　鹿毛康司

　　这封邮件表达了我的销售观。我的想法和思考至今未变，我认为营销不是单纯的"卖东西"，而是"面对他人，为他人提供喜悦"的行为。我相信，广告拥有的力量不仅仅是促销。

　　2011年4月22日，这则广告刚刚播放后，人们就在推特上写下了很多感想。

　　"最后唱起消臭力那首歌时，我被感动了。"

　　"总觉得好感人。"

　　"既有趣又深刻，这就是创意。"

　　"听说这则广告的拍摄背景是曾经有2万人去世的地方。"

　　"看到广告里外国男孩唱'消臭力'的歌时，我忍不住笑了出来。"

　　"那个唱歌很好听的消臭力小孩是谁？"

　　我用心制作了这则广告，不希望伤害到任何人。尽管如此，在看到热搜上不断刷新的评论前，我心里始终惴惴不安。看到一条条远超我想象的善意评论，我心中的担忧消失不见，只剩下惊讶和感谢。推特上的消息渐渐传开，这则广告成了社会热点。

2011 年 5 月，少年米格尔出演的消臭力广告（图6-1）在广告综合研究所评选的广告好感度排行榜中取得了综合第二名的成绩，这是 S. T. 公司播放广告以来取得的最好成绩。消臭力广告在推特上的热度也超出预期，视频网站上出现了大量以其画面为素材的个人剪辑视频，这种二次创作的视频被称为"MAD 影像"。而且消臭力品牌在除臭剂品类的市场占有率从第二名上升到了第一名。从 2011 年开始，消臭力成为除臭剂的代名词。

图6-1 少年米格尔出演的消臭力广告

米格尔的消臭力广告是觉悟的产物

如今，有人说在里斯本这座城市中，让一名少年清唱歌曲，这样的广告是很棒的企业企划创意。那次企划确实很厉害，不过我认为那不过是一个小小的点子。至于广告播放之后，引发了超乎想象的热潮，甚至成为一种社会现象，那绝非我创造的。我深切地体会到，当社会上出现某种现象时，背后一定有某位拥有巨大能量的人。因为我已经离开S. T. 公司，铃木董事长不再是我的上司，所以我得以说出内心深处真实的想法：米格尔的消臭力广告是S. T. 公司的铃木董事长创造的奇迹。

日本"3·11"大地震发生时，铃木董事长76岁。地震当天，他和几十位S. T. 公司的员工身处位于千叶的幕张会展中心。我听说他当即挺身而出负责指挥，做出的决定有如神助。他立刻派出员工实施采购，以确保食物充足，同时马上预定了所有能预定的酒店，优先让女员工前往避难。

另外，在地震发生三天后，他还牵挂着福岛工厂的员工，安排卡车给他们运送物资，甚至打算自己开车。

公司的管理层们大惊失色，急忙制止，铃木董事长还为"不能去现场"而叹息。后来，他一声令下，抱着亏损的觉悟立刻开始制作可检测辐射的产品并发售，这正是家用辐射测试仪"Air counter"（2011 年）、"Air counter–S"（2012 年）。设计这些产品时，他优先考虑的是让日本东北地区的人们能放心地用合适的价格买到手。

　　正因为铃木董事长是这样的人，我在提出想制作广告时，他才会起身跟我握手。2011 年 4 月 22 日，在广告播放当天，铃木董事长突然通知全日本员工召开企业内部的全体会议，在大会上他呼吁："这则广告将从今天开始播放。各位，这是我们 S. T. 公司的心意。"我感到身后被狠狠推了一把，在之后的活动中，体内充满能量。

　　我认为营销和广告经常会受到轻视。可是，企业推出打着企业名称的产品，以广告的形式发送信息，其中包含着企业人格，这是一件重要的事情，并不单纯是要有趣、要顺应客户的喜好。或许营销和广告无法超越企业的格局。我之所以能放手去做我心中的营销，正是多亏了有当时率领 S. T. 公司的铃木董事长在。

企业理念是进行商务活动的重要方针

每当我提到"要重视企业理念"时，往往会被人嘲笑说"鹿毛君真是一本正经"。可是对于商务人士来说，企业理念是进行商务活动的重要方针。请大家思考以下场景，或许就会明白企业理念为何重要。

请大家想象一位家长充满爱意地为孩子准备饭菜的场景。接下来，如果有五位家长会怎么样呢？假设五位家长分别承担"购物""切菜""烹饪""摆盘""看孩子吃饭"的责任。

- 负责购物的人——不顾营养均衡，一味购买便宜的商品。
- 负责切菜的人——比起食用方便，更重视切菜效率。
- 负责烹饪的人——只专注于按照菜谱做菜，不会结合孩子的健康状况调整咸淡。
- 负责摆盘的人——只重视速度，不考虑能激发食欲的摆盘方法。
- 负责看孩子吃饭的人——只是急着让孩子快点吃。

也许大家会觉得这是极端的案例，可这正是在如今过分追求效率的社会中，各个公司和组织中发生的情况。如果大家能共享对孩子的爱，遵守每个人的责任和评价标准，就应该能够提供一份充满爱意的饭菜。这份爱意正是企业理念。

找工作的学生会选择能让他们在未来实现梦想的公司。他们会比照自己的生存方式和企业的经营方式，选择自己的工作。他们会研究公司的企业理念、企业文化，作为新人，谨记企业理念的重要性，然后开始工作。年轻的社会人在工作之余，会从中探寻更大的理念，也就是"这份工作是为了什么"。可是大多数情况下，前辈和上司的回答都会是"从以前开始就是这样做的，你先好好完成眼前的工作吧"。

或许前辈和上司才是在埋头于眼前的工作时，不知不觉间忘记了企业理念的人。

如果能够对新人做出解释："我们公司有自己的理念。为了能够在理念的基础上完成创造未来的使命，这份工作非常重要。"那么新人不就能开开心心地工作了吗？我认为一个能在日常生活中时刻将自己的工作和理

念加以结合的公司，就是最好的公司。大家也许会觉
得我啰唆，可是如今销售人员最需要做的，正是创造企
业、品牌和客户之间的幸福关系。能够意识到这一点，
以及需要在多大程度上具体注入企业人格，就是胜负的
关键。

广岛三箭足球俱乐部仙田总经理的信

　　我想再为大家介绍一个将企业理念具体落实到营销
活动中的事例。我和广岛三箭足球俱乐部总经理仙田信
吾关系密切。2020 年 4 月，仙田先生上任，却因为新
冠肺炎疫情的影响，无法顺利进行活动。疫情发生后，
我受邀参加了俱乐部员工的会议，讨论"三箭俱乐部现
在该对社会做出什么样的保证，进行什么样的活动"。
大家都曾经认真思考过该如何创造出受当地人们喜爱的
足球文化，可现在依然不知道该做什么。与会成员中有
前学生冠军队的队长等打从心底热爱足球的人。我在会
议中感到兴奋，觉得只要目标明确，这支俱乐部一定能

做出一番大事。

　　后来，总经理和每一名员工单独谈话。我听说总经理在谈话时非常认真，询问了该如何给拼命努力的运动员和支持他们的人们提供具体的支援，以及员工们希望能够实现什么样的梦想。总经理亲自将企业理念认真地灌输给员工，他不是只喊口号，而是让每一名员工和总经理一样，作为一个人开展活动。总经理还站在体育场上迎接观众，对他们表示感谢。前几天，我收到了总经理的来信。

　　"从今年（2021 年）开始，我们决定不再用'粉丝''支持者'这样的词作为广告词，而是换成'家人'。（中间省略）我让来到会场的各位员工，向因新冠肺炎疫情无法来现场参观的球迷转达选手们努力练习的态度；我还稍稍提高了声音，和城福教练就他的具体想法进行讨论。与会观众们掌声如潮。（中间省略）除了鼓励的声音，我们还收到了大量建议和投诉，比如最近面向残障人士的停车场有所减少，捐赠后的回礼太小气，观众还提出希望看到周边产品。前台工作人员在忙忙碌碌地接待大家，和员工商量，尽可能解决能够解决的问题。"

这位总经理的想法和行动中都充满了对球迷的关怀。企业理念绝非仅仅是空喊口号，三箭俱乐部的总经理和员工团结一心，重新审视自己的内心，遵从内心的想法，将企业理念落实到具体活动中。他们的心灵频率一定会和球迷产生共鸣，我期待他们将要创造出的东西。

第 7 章

用心与客户
对话的创作者

创作者的能力带来了远超广告预算的成果

"希望你们公司多学学品牌的知识。"

曾有一位 20 多岁的广告公司女性销售人员对我出言不逊，令我大吃一惊。她明显是因为我们提供的广告预算少而看不起我。我终究忍无可忍，回了一句"你才要重新学学品牌的知识"，然后转身离开了。

另外，我在与大企业宣传部门的管理层交换名片时，也有人用高高在上的态度对我说"好好加油"；在网上看到"S. T. 公司所有人都在打广告吧"之类嘲笑的评价也不是一次两次了。

从雪印乳业这样的大企业来到中等规模的 S. T. 公司后，我见到了太多令人惊讶的事情。S. T. 公司是上市企业，是拥有大约 500 名员工的中坚企业。每年的宣传预算在 28 亿日元左右。另外，由于 S. T. 公司的竞争企业的宣传费用在 200 亿 ~ 600 亿日元之间，所以 S. T. 公司的广告规模绝不算大。在日本整体的企业宣传费排行榜上，S. T. 公司位于第 230 位左右。它在宣传行业不受待见，也是理所当然的事情。

即使在这种情况下，S. T. 公司依然在 2015 年的"日经企业印象调查"中位列第五，获得了"进行良好的宣传活动"的评价。尽管预算少，S. T. 公司的宣传活动依然获得了好评。随着宣传成绩的不断累积，我也越来越受到别人羡慕。可我并不是从一开始就赶上了好环境，刚开始，宣传的成绩和预算成正比，处于前 200 位左右，当时的环境绝对称不上优越。因为宣传预算少，我在很多工作中深切感受到了不必要的辛苦。在这样的情况下，经过多年的努力，我终于创造出了如今的环境。

我在 S. T. 公司负责宣传的 18 年里，S. T. 公司不断取得不逊于大企业的宣传成果，而那些大企业的宣传预算都超过了 S. T. 公司。我们的成绩常常被人理解为"出奇制胜"，可事实并非如此。能够获得超出预算的成果，秘密在于彻底顺应客户的"内在需求"，这是我与多位创作人员共同进行了前所未闻的探索的结果。2004 年，油管网（YouTube）还没有出现，我们已经开始尝试在网上上传视频，2006 年，我们播放了日本第一个系列广告，这种形式如今已经司空见惯。2010 年，我们还利用在线视频探索了内容营销。当"粉丝团营销"在营销领域受到关注前很久，我就开始积极经营与客户之间的关系。

　　前面我已经多次向大家介绍，人们的行动并非总是符合逻辑的。人类的思考和行为由 5% 的显意识和95%的潜意识组成，因此，探寻客户本人都没能意识到的内在需求，并且通过创作来接近客户内心，往往能够产生惊人的效果。从理论上来讲，投入宣传预算就能轻易产生相应的成果。可实际上，创作者的能力能够带来超过预算数倍、数十倍的效果。相反，有时哪怕投入大量预算，也有可能完全没有反响。这就是创作的有趣之处。

创作是将营销战略具体化的工具

　　大家听到"创作"这个词会想到什么？也许是产品包装、商标、主页、视频、音乐……通常大家对创作者的印象是：距离自己非常遥远，会提供某些了不起的灵感。

　　其实，产品创作并不是由创作者完成艺术作品，而是将大家想到的营销战略落实到现实。

无论是什么样的产品和服务，企划和战略都不过是纸上谈兵。如何将产品价值变成现实传递给客户，并且与客户一起提升产品价值，全都要靠创作。从物理条件上来说，公司不可能与所有客户直接对话，正因为如此，我们才要通过创作与客户进行交流。

销售人员必须和创作者组成合适的搭档，不能全靠创作者提供好点子，销售人员也要用积极的态度参与到创作中。可是销售人员不是专业的创作者，他们没有创作知识，如果胡乱下指示，很容易亲手毁掉创作者的作品。

举例来说，销售人员像是餐厅老板，创作者像是厨师长。老板负责确定饭店的经营理念，根据饭店的经营理念决定菜品的方向性。具体要提供什么样的菜品，就是厨师长需要考虑的内容了。这种情况下，如果完全不懂烹饪的老板按照自己的好恶对菜品指手画脚，会变成什么样子呢？结果往往是不仅无法提高菜品的品质，还很可能让品质下降。

老板只有理解什么是"应该由自己思考的内容"和

"应该交给厨师长的工作"，保持和厨师长的信任关系并推进工作，才能开发出出色的菜品。老板不需要自己做饭，更不能对细致的烹饪方法和调味指手画脚。不过，掌握一定烹饪知识还是有必要的，虽然不指望销售人员能对创作提出意见，但是这并不意味着销售人员可以对创作保持无知。下面，我会从销售人员的视角出发，介绍关于产品创作，销售人员最低限度应该了解的知识。

销售人员和创作者共同工作时需要了解的支柱

接下来，我将为大家具体介绍销售人员和创作者一起创造作品时需要注意的四项要点。

（1）丢掉想当然的期待。销售人员会对自己的产品和服务感到骄傲，正因为如此，他们希望向客户传递更多信息，希望客户了解产品和服务的魅力。可是企业希望传递的信息并不会像企业期待的那样，得到客户的善意接受。特别是广告，经常会让客户觉得碍事。常常有人在大门上贴"禁止推销、谢绝广告"的告示。"只要我花了钱，客户就会看"，这是一种巨大的误解，是一种错觉。重要的是充分理解客户的心理，其实，他们常常将广告看成需要拒绝的对象。

另外，必须认识到当今社会信息泛滥。研究发现，随着互联网的普及，在最近 10 年里，人类的信息总量增加了 530 倍。客户接触信息的时间有限，因此传递信息的难度可想而知。举例来说，每个月在电视上播放的广告就超过 3000 种。假设大街上摆着 3000 块招牌，你觉得你究竟能看到多少、记住多少呢？

另外，客户的目光停留在店里的产品包装和网站画面上的时间只有短短一瞬间。就算是摆在商店门口的店面促销展示品（POP），吸引客户目光的时间也不到一秒。至于网上的视频，客户只看几秒就会跳过。就连观看时间相对较长的广告，也只有 15 秒。另外，就算视频摆在眼前，人们也不一定观看。销售人员应该真诚地接受这样的事实，立刻抛弃想当然的期待，不要以为只要是企业想要传递的信息，客户就能接受。这是进行创作的前提条件。

（2）明确判断标准。向客户传递信息时，精炼是必不可少的要求。不能什么信息都想传递，越贪婪越无法达到目的，请大家铭记在心。

　　然而，就算想要精练传达的要素，如果相关人员太多，意见也会分散，大多数时候没办法统一。这种情况下，我会按照以下方法决定优先顺序。

　　大家看过相扑比赛的排行榜吗？上面写着"横纲""大关""关胁""小结""前头"等级别。与此相同，销售人员要为想要传递的信息排序，确定哪个是横纲，哪个是大关、关胁。

　　制作中的作品很难确定应归入哪个级别，情况经常会有不同。有时只有横纲和大关，有时连小结都勉强包括在内。按照我的经验，在销售中，几乎所有情况下都会放弃前头级别作品。最后，销售人员必须负起责任，做出决定。

　　不过，只要按照战略充分讨论好优先顺序，确定判断基准，几乎不会出现反对意见。另外，一旦确定方针，就不会出现反复更改的问题，比如"果然还是加入这个吧""去掉这个，加入那个"，不会多次重复无意义的设计。这样，创作者不会浪费时间，能够专心从事

本职工作，容易发挥出最大的效果。这也是明确判断基
准的好处。

（3）充分投入爱。在传递给客户的作品中，令人愉
悦的惊喜不可或缺。那么惊喜从何而来呢，正是在客户
身上投入全心全意的爱。"有趣""优美""帅气""感
人"，这些都是创作的主题。另外，必须努力在瞬间将
这些内容传达给对方。通常情况下，销售人员会在企划
书中写下众多诉求点。很多销售人员会要求创作者"将
所有诉求点全部表现出来"，然而这是大错特错的。就
连电视广告，传递信息的时间也只有 15 秒；就算迅速
将企划书上写的诉求点读出来，也要花 2 ~ 3 分钟。

销售人员应该做的是和创作者共享"根本上希望传
达的信息"。至于如何展示，则交给创作者去思考。在
销售人员说出"希望你将写在企划书上的文本原封不动
地传递出去"的瞬间，作品绝对会变成"难吃的菜品"。
不要擅自塞入信息，重要的是将观看广告的客户当成一
个活生生的人，投入足够的爱，请大家立足这个原点。

（4）不怕简洁。看到创作者拿出的方案时，销售
人员总是习惯于寻找不足之处，涌起"应该传达的信

息没有放进去""这里希望能多加些说明"之类的想法。可是创作者为了让作品变得更好，会选择性地进行取舍，将焦点放在应该传达的信息上，做出简洁的作品。他们会考虑观众的视线和想法，拿出符合观众心理的作品。

下面我将为大家介绍销售人员和创作者进行讨论的常见情况。

"因为信息不足，请在第一页用大字标明产品名称，然后在下面简单写上产品的特征，用一半左右的空间放产品照片，最好是不同使用场景下的照片。第二页希望能放上客户的感想。我还是希望整体效果更醒目，所以请尽可能使用红色和黄色等鲜艳的颜色。"

销售人员会给出自认为良好的指示，可是大家应该明白，这和饭店老板按照外行的想法对调味和烹饪方法做出细致的指示，结果糟蹋了菜品没有区别。

销售人员的指示没有考虑客户的心情，并且还像是穿着沾满泥巴的鞋踏进了创作者的专业领域一样。可是商业创作者必须遵从委托人的指示。结果，销售人员会亲手毁掉潜在的优秀作品。

　　我们需要讨论的重点是"客户的内心",尤其是通过销售人员添加的信息,客户的心理状态会发生怎样的改变。如果这些信息会妨碍到打动客户,或许可以选择舍弃。"既然会碍事,就应该果断放弃",我的话听起来有些夸张,不过我认为作品的创造和毁灭完全是由态度决定的,关键在于是否重视客户内心。

　　上文中,我已经介绍了销售人员和创作者一起创造作品时需要注意的四项要点。这些要点同样是我为了用少量预算做出爆款广告,不断试错后得出的成功法则。

　　请大家记住以上四项要点。

销售人员在创作中应该发挥的作用

　　在与创作者的合作中,销售人员应该发挥的作用简单来说就是"明确目的",即明确传达想要通过作品获得什么样的效果。这里所说的目的不是笼统的概念,比如"想提高产品认知度""想创造话题,引发媒体关注"等,而是尽可能具体的目标,包括以下几点。

> - 希望客户对这些产品、服务产生什么样的印象。
> - 希望客户如何理解这些产品、服务的功能。
> - 希望客户如何感受这些产品、服务的创造理念。
> - 希望客户如何产生共鸣。

销售人员必须设定明确的关键绩效指标（KPI），明确希望创造出什么样的结果。

另外，向创作者明确传达客户的形象也很重要。总之，希望大家能与创作者充分讨论，准确传达客户的内在需求。下面我将以制作产品宣传册为例，向大家介绍具体的传达方式。

"因为这次是一款新产品，所以希望宣传册上除了有产品的名称，还能用夸张的方式展现出其优势。我认为客户的内在需求是××，所以希望能做出在客户拿到这本宣传册的瞬间，能够立刻被吸引的内容。另外，希望客户在看完宣传册后能够产生拨打公司电话咨询的想法。目标是接到至少 3000 通电话。"

这样的指示只有销售负责人才能给出，完全没有介入设计处理等创作者的领域。创作者在明确的指示下，应该会赌上自尊尝试各种各样的挑战。和"请拿出好点子吧"这种甩手掌柜似的笼统指示不同，有了具体的指示，创作者应该就能拿出高质量、充满挑战性的方案。方案完成后，销售人员需要做的就是判断方案是否符合自己的委托。

就刚才那个产品宣传册的例子而言，需要检查的问题有以下几点。

- 产品名称旁边有没有用夸张的要素（文字、图形等）传达企业的优势？
- 是否能满足客户的内在需求？
- 宣传册的内容是否能让客户在拿到的瞬间被吸引住？
- 客户在看完后是否能够产生拨打宣传册上的电话号码的想法？

在完成销售人员责任的基础上，继续推进作品的改善工作，会更容易创造出更加优秀的作品。

最终判断时容易落入的陷阱

在不断试错后，创作工作才算最终完成。销售人员需要确认广告的最终版本，这时就会陷入较真的情绪，想要仔细确认作品是否反映出到现在为止的所有思考过程。可这种情绪正是诱发误判的陷阱。请大家记住，面对作品的人是不掌握任何信息的客户。

在给出最终判断时，最重要的是忘记自己是销售人员，让自己变成一名客户。请大家忘记此前掌握的所有信息，抹掉和创作者进行讨论的经过。客户从早晨起床到晚上睡觉，将心思放在大家的产品和服务上的时间不过寥寥数秒。请大家打从心底放空自己，什么都不要想，只观赏作品就好。

能做出正确判断的机会只有最开始的一次。如果是宣传册或者包装，只能看 1～3 秒的时间；如果电视广告等视频，绝不能盯着不放。请大家放松，什么都不要去想，只看一次。

这时，你的视线会如何移动呢？

看完后留在脑子里的是什么？

看完后是什么心情？

心里有什么想法？

请将这时的身体感受和心里的想法如实传达给创作者，和创作者讨论这是不是你们原本希望呈现的效果。

经常有人问我，为什么不干脆直接让消费者看，再询问他们的意见。可遗憾的是，能够评价作品的只有专业人士。大多数情况下，消费者不能准确表达自己的感想，最多能说出"应该能在社会上引发话题吧"这种浅显的评价。

在最终判断时，重要的是销售人员要彻底变成普通客户，与作品接触，客观把握客户当时的心理活动。一开始或许很难转换角色，不过只要不断练习，任何销售人员都能变成客户。

电视广告触达每一名观众花费的费用更便宜

播放作品时，使用什么样的媒介、如何进行组合同样重要。媒介不同，客户的观看态度和接触态度明显不同。在网络上观看时、走过实体店时、看电视时、看传单时，客户的心理各不相同，正因为如此，销售人员有必要充分理解各个媒介的特点。很多情况下销售人员需要考虑在全部媒介上的营销措施，不过，将接触信息的客户当作一个个活生生的人，考虑如何与他们交流，这样的视角同样不可或缺。在这里，我将从大众媒介中选择尤其重要的网络和电视进行说明。

电视广告和网络广告长时间是对立关系，在哪边投放广告更有效之类的讨论经久不息，不过更重要的是分清这两种媒介的特征。在此基础上，通过适当的组合将结合效果最大化才是正确答案。

下面，让我们尝试整理网络广告和电视广告各自的特征吧。

人们常说电视广告的成本高。例如每周在日本全国播放两次15秒的广告，希望让全日本七成的人看到，根据我的经验，这种情况下需要花费的广告费在5000万日元左右。

当然，这里说的"看到"不过是在电视屏幕上播放广告画面而已，观众看得多认真则要另说。在更多人喜

欢看的节目中插播的广告，更容易被人看到。如果成为
热门节目的赞助商，广告费就会增加。如果现有赞助商
中有竞争公司存在，公司很有可能无法成为节目的赞助
商。不是所有人都能买到想要的播放时段。与此相对，
网络广告几乎没有购买时段的限制，任何人都能购买，
只需要花较少的费用就能播放。

那么目标受众的情况如何呢？在电视上播放的话，
无法细致设定希望观看的人群。虽然可以大致设定目
标，比如按照性别和年龄进行区分，20～34 岁的女性
通常用"F1 层"来表示，可是无法确定她们是不是真
的会看，以及看过后会采取什么样的行动。与此相反，
网络广告则能够设定目标受众的年龄、性别、居住地、
年收入等具体条件。另外，如果在网上销售，还能追踪
和分析观众看过广告后采取的行动。

从广告触达（触达人数和触达率）方面来看，网络
和电视的特点确实存在着巨大差异。获胜的是电视，比
如 S. T. 公司长年作为富士电视台的月九剧[1]赞助商，每

1　月九剧：周一晚上九点播放的电视剧。——译者注

播放一次，就能触达约 1000 万人。

大家也许会感到意外，实际上如果计算触达人数，那么电视广告每触达一名客户所花费的广告费远远低于网络广告——凭感觉来说，价格大约在网络广告的 1/10 以下。虽说电视广告"每周在全国播放两次大约需要 5000 万日元"，不过其中约六成都是在东京、名古屋、大阪地区播放时的费用。如果能集中在某个地区播放，也有可能只用花费 100 万日元左右，就能瞬间触达大量人群。

我认为，电视最大的魅力在于"播放瞬间掀起的力量"极强。电视节目如果录下来，同样可以像网络视频一样让人在喜欢的时间观看，不过电视依然能够造成很多人在播放时间实时观看的情况，可达数百万人，有时甚至会有超过 1000 万人同时观看同样的节目。

只有电视这种媒介，才能实现在 2020 年 9 月 18 日日本电视台播放《另一片天空 Ⅱ》时，配合播放《消臭力广告·国民之歌篇》（2015 年制作）的结果。

同时，听说西川贵教先生将参加这个节目后，S.T. 公司买下了 30 秒的广告时段。在这个节目中，每周都会有嘉宾讲述自己的人生。我的下属花子是西川先生的忠实粉丝，她能推测出西川先生在节目上会说些什么，提出要在节目播放时放出《消臭力广告·国民之歌篇》。广告歌的歌词如下：

> 我希望能让你露出笑容，
>
> 一个笑容就好，
>
> 微微一笑就好。
>
> 虽然我没有那么好，
>
> 无法改变世界，
>
> 不过至少可以改变空气，
>
> 我是消臭力。

当时的电视收视率达到了 5.9%，也就是说观众人数大约有 700 万人。虽说节目在全国播放，拥有巨大的影响力，不过广告仅有 30 秒，就算没有带来任何影响也不足为奇。

然而，当节目播放后立刻在推特上掀起轰动，人们纷纷议论，"竟然在这个时间点看到以前的消臭力广告！""消臭力广告太适合这个节目了"。"消臭力"瞬间进入热搜（推特上引发话题的关键词）。能凭借瞬间的力量扩大话题，引发强烈的反响，这就是电视的力量。

电视无法设定细致的目标受众，却能触及目标受众之外的广泛人群。说到底，目标受众设定错误的事情也绝不稀奇。从这个角度来说，电视是一种由于可以让人期待"偶然的相遇"而大受欢迎的媒体。

在第 2 章中，我向大家介绍了最佳个别辅导学院在进入新冠肺炎疫情时代后，由我荣幸地为他们提供营销支持，通过满足客户内在需求，使入学人数大幅提升的事例。我通过理解观众内在需求，播放包含"没有关系""让我们一起制订计划"等信息的电视广告，传播了最佳个别辅导学院的"人格"和"世界观"。

同时，我还在网上给出了为何没有关系的原因，有条理地解释要如何一起制订计划。我用视频广告等手段将客户引导到公司主页，然后充分、细致、有条理地进行说明。我们设置主页是为了充分满足客户的显在需求，让了解内容的家长们打来电话，直接与他们见面，请他们参加咨询会，达到最终转化为入学率的目的。

这个过程的整体设计图景是：对辅导学院的认识 × 辅导学院的特点 × 接近辅导学院人格的世界观 × 与监

护人的共鸣。为了实现这幅设计图景，我们要理解不同媒介的特点，采取能发挥最大效果的组合，充分结合电视广告、网络广告、传单、公司自有媒介、与客户面对面交流等宣传方式。理解接触各个媒介的客户的心理，重要的是不要制造电视和网络的对立局面，而是让二者相互融合，呈现出相辅相成的效果。

遵循客户心理，防止出现负面新闻

随着互联网和社交软件的普及，负面新闻的影响越来越严重。我认为可以通过与客户的内心进行交流来应对负面新闻。

负面新闻大体上可以分为值得同情的和理所当然的。发生负面新闻时，相关人员容易将错误推给社会，觉得"都是因为社会变得严厉了"。仔细想想，其实并不是社会变得严厉了，而是社会变得正直了。以前，人们会对些许歧视的情况睁一只眼闭一只眼，现在社会变得正常了，人们认为还是应当人人平等。

作品的类型不同，客户评价的严厉程度也各有不同。如果是客户主动花钱观看的作品，例如电影，就算出现凶杀的场面，也几乎不会有人感到气愤。而人们对免费的内容会更加严格。与电影相比，人们对电视节目的评价更严格。尽管如此，因为是大家主动选择要看电视节目，所以在一定程度上能够容忍凶杀场面。在免费内容中，客户要求最严格的是广告，绝不允许出现凶杀场面。

客户之所以对广告如此严格，主要是因为广告的内容不是人们主动选择的，而是依靠资本的力量投放给观众的。把并非人们主动要看的内容硬塞到人们面前，人们感到气愤的程度会加倍，这件事比较麻烦。所以，广告受到限制是无可奈何的事情，只能接受并面对限制。销售人员必须意识到广告就是这样的作品。我可以断言，由于触及限制性内容而引发负面新闻的广告几乎都是因为研究不够充分和准备不足。制作广告牵扯到版权、肖像权，需要和演员及制作人员签订合同。我曾经因为没有考虑周全，导致发生过几个负面事情。老实说，这些都是绝对不该发生的事情。

另外还有反垄断法，这同样是必须遵守的。我们偶尔能看到由于违反反垄断法而引发的负面新闻。不过，网络广告就算不引发负面新闻，也会有很多内容处于灰色地带。

对作品的表现形式限制最严格的媒介是电视。电视台会针对作品进行审查，标准相当严格。可是，播放伦理标准里只写了"不能出现歧视"，至于什么算歧视，只能靠制作方不断试错。每一家电视台的审查标准不同，说得更夸张些，就算是同一家电视台，不同审查人员的标准也会发生变化。因为审查完全是一个模糊不清的领域，所以我们此前曾经与电视台发生过多次争执。

可是广告播放后，电视台和广告主双方都负有解释责任，必须直面观众的投诉和意见，所以审查本身并没有错。而且，在电视上播放的广告由于经过了审查，所以一般不会出现问题，可是在没有审查的网络世界中，引发负面新闻的广告有不少都是由于没有遵守播放伦理标准。

哪怕通过了审查这道最难的关卡，依然会出现饱受社会抨击的广告，这就是伦理和心理问题了。

缺乏想象力会引发负面新闻

曾经有一件事令我悔恨不已，那是 2007 年播放的《防虫剂·网球篇》广告，最后不得不中止播放。广告内容如下：

"在众多观众的注视下，中央球场正在举行女子单打网球决赛。在强大的冠军候选人和日本挑战者进行你争我夺的殊死决斗时，不知为何，日本选手将双手背在身后开始打球。她用嘴衔着球拍，一步不让地打出了一记强力扣杀，取得胜利！日本选手情不自禁地用双手做出胜利姿势。在那个瞬间，可以看见她衣服背后有两个被虫子咬出的洞。她把双手背在身后是因为不想让大家看到那两个洞。"

作品内容简洁、质量很高，能给人留下深刻的印象，也能表现出对防虫剂的产品诉求。可实际上，我从企划阶段开始就隐隐有一种不对劲的感觉。我不断和制作团队讨论这份不适感，最终决定以日本选手的微笑结束广告，试图解决问题。如今想来，我是在利用技术蒙混过关，忽视了自己心中不对劲的感觉。我当时尚未成为真正意义上的创作总监。

广告播放后不久，S. T. 公司的客服人员接到一通电话。

"我看了贵公司的网球广告。我手里拿着残障人士手册，我没什么特别想说的，只是感到伤心。"

我大吃一惊，明明下定决心"绝对不能伤害到别人"，可是却无意中伤害了那位观众。尽管如此，我采取的行动依然不够干脆。哪怕管理团队建议我最好撤下广告，我依然以"投诉的数量还很少""既然已经播放，希望坚持到最后一刻"为由试图坚持下去。可我依然有犹豫，于是给一位在医院工作的朋友打电话说明情况，接着对方教导了我一番。

"在这个社会上，有些人不得不用嘴叼着工具生活，还有些人二十多岁就英年早逝。有些人哪怕知道自己活不长，也会拼命生活下去。鹿毛君，你没有直接接触过这样的人吧？所以你不懂想使用工具时却只能用嘴叼着的人的心情。"

"但是我们也会叼着门票什么的吧？"

"门票是工具吗？"

听了朋友的话，我才明白我的想象力有多么匮乏。哪怕通过了电视台的审查，哪怕投诉的数量很少，我还是放出了会让他人伤心的影像，这是不容置疑的事实。发现这一点后，我下定决心不再播放这则电视广告。

那件事之后很长一段时间，我都不敢接触制作广告的工作。所以我很理解在社会上引发负面新闻的人们的心情。可是我也在想，那次引发负面新闻并不是因为舆论严格，明显是因为我想象力匮乏，做出了会伤害到他人的决策。这是不了解观众心理的问题，我相信只有将心比心、充分体谅他人，才能解决这个问题。

但是，仅仅因为"可能会引发负面新闻"而舍弃作品是本末倒置的做法。S. T. 公司在电视广告制作完成时会做好准备，保护所有观众，所以在我 18 年的工作生涯中，除了那则网球广告，再没有出现过负面新闻或者引发大规模投诉。"投诉"这个词也包含着陷阱，它来自英语单词"claim"，claim 的本意是"声明"，而正确的声明必须有人倾听，可实际上会有想要发泄压力、为了让自己开心的寻衅行为。制作方不能屈服于寻衅行为。至于如何应对网络上的寻衅行为，播放方必须做好准备，保证能够正面回应。

第 8 章

创造羁绊是
心灵的交流

垂直时代的终结

随着社交软件的普及，如今的客户不再局限于接收信息，也会自己发送信息。消费者可以通过口口相传看清品牌和产品的价值，判断是否购买产品。网上充斥着客户的声音，客户之间产生了横向连接，开始拥有巨大的影响力。随着互联网的发展，企业宣传部门通过大众媒体进行宣传、单方面发送信息来构建品牌形象的时代已经结束了。

同时，企业宣传部门的作用也发生了巨大改变。过去人们常说的制造舆论，是传统媒体的专属功能。宣传部门会在企业内部讨论应该公布的信息，进行取舍和选择；信息受到大众媒体及企业内部的严密检查，以新闻稿的形式在社会上发布。那时企业宣传部门的主要工作是与大众媒体的记者建立友好关系，通过记者俱乐部掌控信息传播渠道。可如今情况发生了翻天覆地的变化，企业同样必须和普通客户建立友好关系。

于是各个企业悄悄配置了负责社交软件的人员或者

专业部门。"在社交软件上可以免费宣传""不断在社交软件上发送公司希望传播的信息，并把消息扩散开来"，到处都能听到和看到抱有类似目的的活动。可是这些活动不过是延续了企业利用媒体单方面发送信息的思路。在这种思路中，企业只是将使用社交软件的人当成了单纯的消费者和顾客。社交软件原本是人们和朋友对话的工具，就算企业大大咧咧地踏入其中宣传产品，也没办法与人们产生"心灵相通"的深层羁绊。

过去的企业组织结构和交流方式已经跟不上社交网络时代了。在社交网络里，人们追求更加私人化、能看见对方的关系。因此，应该放弃宣传部门、社交软件负责人的垂直区分，从整体上确定企业在交流活动中的设计和战略。

比如推特上经常看到"关注抽奖"活动。这或许只是为了增加关注度的苦肉计，但它将社交软件当成了与客户建立羁绊的工具，本末倒置了。哪怕关注人数肉眼可见地增长，与客户的羁绊也没有增加。想要奖品的欲望会暂时将人们聚集起来，可是不会带来长久的人气。当然，关注人数也代表着影响力，可是努力创造羁绊后得到 1 万关注，和单纯追求数字得到 1 万关注有着完全不同的意义。

创造与客户之间的羁绊是社交软件与广播的共通点

那么羁绊是什么呢？在社交软件出现之前，就有在企业和客户之间创造羁绊的媒介，那就是收音机。与面对不特定多数的观众投放信息的电视不同，收音机里的节目主持人和听众进行交流时，掌握着绝妙的距离感。节目主持人作为充满人情味、能看见的人，对着收音机对面的听众说话。听众在听节目主持人的声音时，会产生对方在与自己一个人对话的感觉，并且能够通过发送短信和邮寄明信片参与到对话中。主持人在节目中做出回答，相当于作为同伴与听众共享信息。

思考如何在社交软件中建立羁绊时，收音机中节目主持人和听众的关系给了我巨大的启发。收音机在物理层面上是独自一人聆听的，同时也会让人产生与不知身在何处的同伴共同倾听的心理。由此产生了客户之间的横向连接，可以说它是一种全新的媒体。我认为这正是社交软件中的羁绊形式。

在社交软件诞生前开始制造羁绊

2004 年，我开始在公司网站上积极上传视频和自己的文章。当时还没有推特，我每天都会在博客中搜索，试图理解社交网络的逻辑。我沉浸其中，观察客户对上传到网站上的内容的反应。我会在文章中引用制作完成的电视广告的内容，写下感想、意见和疑惑，不过我作为企业方的人，主动评论并不符合当时的氛围。于是我不会专门写一篇博客文章来评论，而是会在公司网站上回复。我会写文章、制作视频，在公司网站上公开，内容是对广告制作和表现的想法及其原因等，这渐渐形成了与大众进行交流的模式。

后来，公司也有了推特，开始和社会大众轻松交流。2009 年 12 月，我注册了一个推特账号"@onetwopanchi"。

这不是企业账号，而是私人账号，现在的关注人数大约有 15000 人。人数并不算多，不过我与关注我的人建立了相当深的联系，通过推特账号结交了很多朋友。

我决定在新广告制作完成后，让它在月九剧第一集播出时播放。因为电视剧的第一集会吸引众多观众的目光，所以在此时播放新广告容易引发热议。网上的用户纷纷发来有趣的评论，和我进行交流。

在月九剧第一集播出时播放新广告本来就是我自己定的规则，没有和任何人约好。不过关心 S.T. 公司广告的客户们都明白这件事，将它当成了不成文的规定。

有一次因为公司内部的原因，没能在月九剧第一集播出时播放新广告。那是一则"自动除臭插头"的广告。我们希望给此前每次都对播放新广告满怀期待的客户一个说明。于是让出演广告的草刈麻有小姐在拍摄现场录制了"道歉广告"，向观众致歉："原本预定于今天播出的新广告来不及播放了，广告将于下周制作完成。"

另外，我在由我管理的网站"S.T. 公司宣传部"上致歉，其内容是"这次推迟的原因是我——公司特别宣传部部长高田鸟场对各个环节产生了误解，'自动除臭插头'的新广告一定会在 17 号播放"。

我以为各位网友不会认真,只会将它当成一个俏皮话。结果推特上却收到了很多反响,还出现了"9 月广告推迟"的词条,在新闻网站"Ameba News"的关联新闻中拿到了点击量第一的成绩。两周后,当新广告播放时,推特上传来了很多充满善意的、鼓励的话语,例如"能播出真是太好了""做得好,S. T. 公司""我最喜欢 S. T. 公司了"。这是发生在 2010 年的事。

当时,创造羁绊的思路还没有充分渗透产品营销领域,此事只能看成一次奇策。公司同样收到了很多批评的声音,例如"这种手段只能用一次"之类,我想大概是来自产品营销领域的同行吧。可是仔细想想,江户时代有大杂院,有井边会议[1],小报就会让村里人闹得沸沸扬扬。创造羁绊从很久以前开始就有,并且受到人们的重视。虽然时代变了,但人心确实存在不变之处。我认为重要的不是熟练使用新颖的工具,而是如何用心交流。

1　井边会议:原意是主妇们在井边趁着打水洗衣妇唠家常、说八卦,现指人们闲谈聊天。——译者注

我与西川贵教先生产生的羁绊

"要如何寻找符合产品气质的名人呢?"

"要如何分配角色呢?"

这些是我经常听到的问题,我的答案是"缘分"。我因为消臭力广告结识了西川贵教先生,我们相遇的场所是推特。

2011 年 4 月,起用了少年米格尔的消臭力广告开始播放。我很关心观众的反馈,一直在看推特。平时,一款产品和广告每天收到的评论在 10 条左右。可当时随着广告播出,推特上同时出现了数千条评论。

广告播放 4 天后,也就是 2011 年 4 月 26 日的夜里,我的账号收到了一条评论,简直让我怀疑自己的眼睛。

"啊,掉线了好多次,下次打开应该是零点了。我没事可做,于是翻唱了消臭力广告里那个男孩子的歌曲。希望能在演唱会的聊天环节展示吧。"

给我发推特的人是西川贵教先生。大量西川先生的粉丝转发了这条推特,并且告诉了我。这就是我们俩结缘的开始。

几天后，我去看了西川先生的演唱会，在休息室拜访了他。我们完全没有提到广告的事情，只是谈了谈演唱会，闲聊了几句，结果我知道了一件惊人的消息。日本"3·11"大地震发生后，西川先生立刻找到熟悉的艺人，主动参加复兴支援活动。地震发生 2 天后，即 3 月 13 日下午，他提出了"演唱会免费发放门票""慈善行动""募捐"等具体方案，一边整理方案一边付诸实践。

在那么混乱的情况下，他还在关心粉丝和同伴，发送大量信息，不断采取积极的行动，这并不是大多数人所能做到的。如果能邀请这样的名人出演广告该多好啊。我想，我和西川先生一定不仅是广告主和演员的关系，说不定能够作为两个独立的个体，共同创作出新颖的作品。

西川先生爽快地答应了出演广告，我的想法得以实现。企划的框架是包含粉丝在内的所有人共同完成广告。普通广告会吸取用户的意见，由包含我在内的制作人员共同完成。可是这次我决定由西川先生和他的粉丝共同完成。我想，是粉丝促成了我们俩之间的缘分，这是送给粉丝最好的礼物。

具体企划内容是让少年米格尔作为西川先生演唱会的惊喜嘉宾登场，两人共同演唱消臭力的广告歌"梦幻合作篇"。项目内容快速推进。

在演唱会现场，西川先生缓缓说道："今天，我为大家准备了一份特别的礼物。来吧，米格尔！"

紧接着，少年米格尔的歌声响起，"啦啦啦啦"，伴随着消臭力的广告歌，米格尔少年穿着和广告中一样的蓝格子衬衫登场，现场响起了粉丝惊喜的欢呼声。在嘈杂的场内，米格尔唱着歌，西川先生为他唱和声。一分钟的梦幻合作原封不动地拍摄成了广告。这样的广告拍摄没办法重来，必须一举定胜负。

电视广告的制作是企业宣传战略的基础，通常会严格保密。在有数千名粉丝的演唱会现场拍摄广告，这大大背离了此前的常识。同样，企业通常会精心控制电视广告消息的新闻稿发表时机，这次却并非如此。因为粉丝亲眼看到了拍摄现场，消息会在以推特为首的社交软件上同时扩散到全世界。

就在我为该如何发布消息而烦恼时，西川先生提出建议："我在舞台上发一条推特怎么样？"于是他真的在舞台上发了一条配有照片的推特。

"**从葡萄牙紧急来到日本，和米格尔共同演唱'消臭力'！**"

仅仅 1 ～ 2 分钟的时间，推特上人们的反应全是惊叹和疑问。我也同时用自己的推特账号发布了"西川先生会出现在电视广告上"的消息。

那天，我的推特通知直到深夜都响个不停，那件事还在雅虎新闻网上成为头条。2011 年 8 月，这则广告成为好感度最高的电视广告第一名，是 S. T. 公司史无前例的壮举。

从那之后直到现在，西川先生依然在不断出演消臭力的电视广告。说句对大明星西川先生来说或许是冒昧的话，对我来说，西川先生在成为著名艺术家之前，是一位和我共同创造过作品的同伴，我总觉得他是我的战友。西川先生总是会和我一起思考企划内容，拍摄时就算在导演那里过关了，为了追求让自己更满意的表现，他依然会从早晨到深夜配合拍摄。他已经超越了出演者，成为制作团队的一员。

就连原本不需要出演者参加的剪辑工作，西川先生也会露面。有一次剪辑工作结束后，西川先生得知接下来还要收录其他产品的广播广告，就和我一起去了录制现场，希望自己也能够参加。他还作为制作成员一起参加了收录。

2004 年，我开始为 S. T. 公司制作广告，到 2011 年为止，几乎没有请名人出演过广告，因为我不希望借助名人的人气展示产品和服务的魅力，这样做要是被不了解的人看到，可能会产生误解，认为 S. T. 公司是借助名人的力量，提升了消臭力的人气。可是我与西川先生的关系与普通的出演关系完全不同，不是"拿着广告公司提供的名单，向上面的名人提出邀请，付钱请对方出演"的关系。

前早安少女组的高桥爱小姐和田中丽奈小姐都是因为其他缘分而出演了我制作的电视广告。羁绊不仅会产生在制作人员与客户之间，还会扩展到制作人员与出演者之间。共同之处在于，我们之间不是著名演员和制作人员之间的关系，而是共同作为制作人员创造出作品。

推特的用户成了 S. T. 公司宣传部门的成员

一位推特用户奇妙地成了 S. T. 公司宣传部门的成员。S. T. 公司的员工花子从初中开始就是西川先生的忠实粉丝。甚至在上高二那年，她参加了西川先生在东京国际会议中心举行的跨年演唱会。其实，那天是她最爱的父亲的葬礼。虽然她觉得实在不该去参加演唱会，却在母亲的支持下参加了。那场演唱会让她忘记了悲伤，她至今依然感谢着西川先生。

西川先生和米格尔拍摄"梦幻合作篇"的演唱会现场，也有花子的身影。推特上的交流变成了现实，她感到很高兴，由此对 S. T. 公司产生了亲切感，最终凭借自己的实力进入了 S. T. 公司。一开始，花子被分配到信息系统部门，在第五年被调到了心心念念的宣传部门，成为我的下属。当我听到花子说她进公司时就希望有一天能进入宣传部门，通过工作支持西川先生的梦想时，我十分感慨。我做梦都没有想到，会以这样的方式遇到最适合与客户建立羁绊的人才。

2019 年 4 月，"S. T. 公司特别宣传部"成立。以推特用户为中心招募的员工与 S. T. 公司宣传部门朝着共同的目标行动，羁绊就此诞生。

创造新羁绊的特别宣传部门成立

我和花子商量，希望能着手进行"以粉丝为基础的营销活动"，与推特用户建立更深的羁绊时，被她严厉批评了。

"我特别讨厌'粉丝'这个词。为什么我们企业要摆出高高在上的姿态呢？请不要用这个词。"

听了她的话，我觉得很有道理。她是西川贵教先生的忠实粉丝，又是推特用户，很清楚客户的心理。是她让我反省，公司和用户应该建立平等的横向连接，不应该用面对粉丝的思路进行重要的营销活动。

那么该怎么做呢？我与花子讨论后，在 2019 年 4 月成立了新组织"S. T. 公司特别宣传部"，主题是"建立联结"，宗旨是尽情享受每一件小事。参加新组织的成员都是平等的，没有上下级关系。托新组织的福，我和花子也不再是上下级关系，从那以后，原本是下属的花子开始在我面前畅所欲言。

　　以推特用户为中心招募部门成员时（图 8–1），立刻就有大量应征者涌来，S. T. 公司得到了数量远超现有员工的伙伴。除了喜欢 S. T. 公司电视广告的人，以西川先生的粉丝为首，有很多广告出演者的粉丝加入新部门。

图 8-1 S. T. 公司特别宣传部招聘广告

　　只有部门成员才能进入的专用网站上也使用了大量部门成员创作的插画。公司会事先发送邮件通知特别宣传部新电视广告的消息，由他们用推特收集大家对新电视广告的感想，这称为"公开会议"。有时公司还会给成员家里寄去圣诞节贺卡，举办各式各样的活动。这种创造羁绊的活动从 2004 年在网络上开始，不断改变形式，一直持续至今。

线上与线下的融合

每年 9 月，西川先生主办的音乐节"闪电摇滚节"会在滋贺县举办。来自日本各地的推特用户和特别宣传部的成员将聚集在音乐节上，虽然看起来像西川先生的粉丝俱乐部，但大家其实都是伙伴。学校老师、在工厂工作的人、酒馆老板娘等各行各业的人都会参加音乐节。

我曾在那里举办线下见面的活动。音乐节当天，我在推特上发信息："我们做了团扇，请大家有时间就来会场内的 S. T. 公司区域玩。"于是，我在 3 天里见到了3000 多人。从没见过我们的人爽快地称我们为"花子"和"部长"。我们相互打着招呼，说过"承蒙关照"后就开始闲聊。

我们本来做了团扇给大家当礼物，结果反而收到了三大箱礼物，有点心、啤酒等各地特产，甚至还有模仿消臭力包装亲手做的手表。这些交流全都和企业规划无关，和"粉丝""占领用户市场""扩大影响力"无关。大家都在笑着支持我们，说"我中元节给大家发了消臭力""公司的除臭剂都换成消臭力了"，这种联结就是羁绊本身。

心灵的羁绊在社交软件上扩散

2019 年初夏，在消臭力的全新电视广告开播前，我和花子悄悄给特别宣传部的成员发了邮件。

"7 月 22 日，消臭力的全新电视广告将在周一月九剧档播放！消息会在当天下午 3 点正式解禁，拜托大家了。"

大家都明白这是机密消息，所以没有人在推特上泄露。广告开始播放的同时，我们发出了以下邮件。

"终于播出来了，为了纪念这支新广告，我会公开召开'换空气大奖'会议。"

于是众多部门成员纷纷说起了身边发生的"改变空气的故事"，有的人讲得很搞笑，有的人讲得很认真。

我和花子给推特上收到的每一条评论都写了回复或者点了赞。我希望大家不要误解，这并非企业为了"扩大影响力"而刻意采取的营销手段，只是在推特这个公开场合下的交流，是同伴之间的对话。与企业发送信息、客户接收信息的结构完全不同，这样的活动与广告有趣的创造性产生了化学反应，部门成员之外的人们也发来了对广告的感想。

接着，转发越来越多，甚至上了推特的热搜，发生了话题扩散现象。准备好的视频一周的累计播放量达到了 10 万次，在推特上的印象数（推特文章展示给用户的次数，类似于页面浏览数）达到了 1840 万次。这个数字不是花钱买来的，如果换算成广告费则可以达到一亿四千万日元。或许有人会觉得不花钱就达到这样的成果很了不起，但重要之处并不在此。

重要的是消臭力这款产品、S. T. 公司这家企业与客户之间产生的心灵的羁绊，还有心灵的羁绊带来的成果。特别宣传部的各位成员不是粉丝，也不是用来为企业扩大影响力的营销武器，大家都是我们的伙伴。有伙伴这件事让我和花子非常开心。

和客户顺利对话的喜悦

除了宣传、营销方面的工作，当然还要仔细推敲战略，思考在推特上推广什么样的话题。我心里也会打很多算盘，例如"怎样才能上网络新闻""有没有什么诀窍能推广公司的网站链接"。可这些都不是最重要的事情，很多人都告诉我，最重要的是人与人之间的交流。

我的推特头像是一位关注我的用户为我画的插画。我向他道谢时写道："连头像都帮我画好了，真是太感谢了。"正是因为身边有这样的客户，我才不会冷漠地将重要的客户当成"目标"或"顾客"，陷入将活生生的人换算成数字的思路中。对我来说，能够让我将客户看成活生生的人进行对话的社交软件就是宝物。

全心全意面对客户，让客户打从心底感到开心，我认为这才是营销，并且带着这样的想法做到了现在。我已经向大家介绍过，为了做到这一点，找到就连客户自己都没能注意到的内心是不可或缺的。可是如今重新回头去看，我发现帮助我自己找到没能注意到的内心的不是别人，正是这些客户们。而且是他们让我发现，所有和营销相关的团队成员、各位演员和公司员工都为我提供过帮助。

什么是产品营销？我想，产品营销是最具人性化的工作，是人与人之间充满爱的交流。

与系井重里的特别对话

2002 年 7 月 21 日，日本广播协会（NHK）播出特别节目《当公司失去信任时，雪印员工们的苦战》，报道了雪印乳业事件。这是一部纪录片，讲述了丑闻发生后，在公司内部努力挽回信任的员工们的故事。我也成了节目拍摄的对象。摄像机连续三个月不分昼夜地拍摄，大概收录了数百小时的素材，最后剪辑成 50 分钟左右的视频，在电视上播放。尽管作品内容是事实，不过并没有播出发生的所有事。

节目播放第二天，我听说系井重里先生在他负责的网页"几乎每一天，系井新闻"的"今日亲爱的"（Darling）板块提到了那档节目。我立刻访问了网站，不过由于那个板块每天都在更新，所以没办法看到以前的内容。我以前就很尊敬系井先生，"他究竟有什么感觉，是怎样想的呢"，我无论如何都想了解，于是给"几乎每一天，系井新闻"网站写了一封申请邮件，希望能看到那篇文章。

让我惊讶的是，系井先生本人给了我回复，表示"现在手头上有好几个工作在做，稍后会回复邮件"。一周后，我收到了一封长达 1353 字的邮件。素未谋面的系井先生给我发了邮件，我在感动的同时，邮件的内容让我感到震撼。尽管内容无法原封不动地公开，不过可以说，他仿佛和我们一起身临其境，共同度过了那三个月。他深刻的洞察力让我无比震惊。

系井先生一定在观看节目的同时，将心比心地感受到了发生的一切。邮件中还写到了他的想法，关于"企业应该对社会承诺些什么，如何承诺""消费者是什么"。在长文的最后，系井先生还写了慰劳的话："或许我的意见帮不上忙，只会碍事，不过我觉得难得有缘，就自顾自地写了这么多。请您不要太辛劳，祝您奋斗到最后。另外，请常发邮件。"这番温暖的话语让我感激，并且受到了鼓励。

后来，我跳槽到 S. T. 公司从事宣传工作时，决定了一件事：我要成为像系井先生那样懂得人心的销售人员和创作者，并且要找机会向系井先生道谢。

2017 年秋天，我得知系井先生将作为嘉宾参加一场市场研讨会。虽然我还没有达成自己的目标，不过我还是想见见他，只是道个谢。带着这样的想法，我来到系井先生的休息室大门前等候。

系井先生出来时，我的大脑一片空白，我向系井先生道谢，感谢他以前发来的邮件，表示我现在做的 S. T. 公司宣传工作都是多亏了他的指点。系井先生一直在仔细倾听我倾诉，笑着说："这样啊，太好了。"我深鞠一躬，送系井先生离开时，他突然回头，又对我露出一个微笑说："太好了。"

系井先生在推特上是这样描述当时那件事情的：

"前天晚上，我参加了一场人数众多的活动，回程路上，有一个人格外郑重其事地向我道谢，说以前曾经被我鼓励过，那是一位成熟有礼的人。他说话的态度很诚恳，他说过想要当面道谢，并且的确付诸行动了。我很开心。"

后来，在《日经趋势》杂志的一次活动中，我得到了梦寐以求的机会，得以与系井重里先生对谈（图 1）。

我以前见任何人都不会要人家的签名，可是只有那天，我要来了一个贵重的签名。系井先生想了一会儿，要为我写些什么，然后慢条斯理地写下了一句"想想办法"。

"几乎每一天"

图1　笔者与系井先生的合照

系井先生也许发现我在看到那句话时，情不自禁地想要流泪，于是突然说了句笑话（图2）。托他的福，我没有哭出来。尽管我现在已经想不起来那个笑话，但系井先生的温柔深深地刻在了我心里。

系井先生是改变我人生的恩人，是我的老师。

鹿毛康司（以下简称鹿毛）：上大学后，我阅读了《广告批评》（专业广告杂志）杂志。因为崇拜系井

图2　系井先生的笑容

先生，所以我走上了广告宣传的道路。其实在上一份工作中遇到雪印乳业事件时，我给系井先生发邮件咨询过。我直到现在还收藏着当时的邮件。系井先生给做销售人员的我带来了巨大的影响，您以前学过市场营销吗？

系井重里先生（以下简称系井）：学过，因为要是不理解客户说的话可就麻烦了，所以我这十年来一直在温习市场营销的知识，不过都是照本宣科。另外，我在产生疑问时也会学习。

分析消费者时，市场营销理论会将他们暂时置换成数字，或者电脑上的某个软件。这样一来，就能远距离俯瞰消费者的动向了，这个过程确实很有趣。

然后标注他们的属性（性别、兴趣等），朝鱼多的地方撒网（相当于投放广告），投中的准确率确实挺高。从营销的角度来看，效果确实不错，可是如果换位思考的话，就会产生被耍了的感觉。简直就像在相亲的时候，看到了各种各样能够获得幸福的条件，才被说服去结婚一样。

鹿毛： 您是说市场营销理论没有考虑人们的心情吗？

系井： 销售的话术就像挡住人们面前的路，强迫人们向别处移动。捕鱼时，这种方法也许挺好。可是在人与人的交往中，这种方式是不礼貌的，我想对双方来说，这都不是他们真正想做的事情。

鹿毛： 系井先生不会做市场调查吗？

系井： 因为我自己心中有大众。有些场合下，我们不是会站在两种立场上吗？一个是发送方，要考虑高效地向更多人发送产品和信息。我认为这是一件了不起的工作。不过当我们处于另一个立场，也就是接受方时，如果企业的营销目的性太强，就会让人想要后退吧。人所处的立场不同，看到的风景也会有所不同。所以如果不能锻炼自己作为接受方的视角，从事营销活动时就容易陷入只凭企业逻辑去行动的情况，失去接受方的视角。因此，和自己心中的大众对话非常重要。

鹿毛：我在顾彼思商学院担任营销课程的讲师时，有的学生认为必须做市场调查，基于调查结果采取营销措施，所以其中不能掺杂自己的主观想法。我为了打破这些学生的想法，花了很长时间。我应该怎么向他们解释呢？

系井：你想说的是偏见吧。首先，建立前提假设的人是自己，如果没有假设，就算将所有数字摆在面前，一直盯着看，也无法导出任何有统计学意义的结果。

鹿毛：这种情况下，固执的人会说 $N=1$（一个人）[1]。

系井：可是，能够产生影响的 N 就是 1 啊。有了坚持

1　"N" 即 "大众营销"，"1" 即 "个性化营销"。——译者注

要去做的人，事情才能顺利进行，这就是能够产生影响的那一个人。首先，自问自答很重要。假设现在需要开发一款饮用水产品，而我负责销售这款产品，却想不出该如何才能将产品卖出去，于是我会想要问问消费者。可是如果在自身产生求知欲前进行调查，就不会得出结论。

鹿毛：系井先生是如何与自己对话的呢？

系井：我不会特意准备对话。洗手间和浴室是我的"聊天室"，我会在脑海中跟自己唠叨。比如，我现在还是会经常思考人在半夜会突然想吃什么样的食物。我会对自己说："我想吃的食物似乎都和酸味有关，不对，与辣味和酱料也有关系。"
哪怕想到的是 100 年之后才会用到的点子也好，我正在从事的工作中也用到过不少以前想到的但当时时机未到，没能付诸实践的点子。

鹿毛：我第二次阅读系井先生的《互联网性格》（出自PHP 研究所）时，感到您准确预言了如今的网络社会。有趣之处在于，互联网公司的创业者会以赚钱为目的，与客户之间拉开了距离。如今情况依然没有发生变化。

系井：我不会否认赚钱的价值，不过赚钱并不是最重要的。最近，我参加了一场面向初中生的研习会。主题是在一分钟之内写出"我是什么样的人"。我写的是"我会和大家一起做愉快的事"。在一分钟内立刻写出的内容能够彰显出这个人的本质。我深深地意识到，我在内心深处总会想到"我和大家"。当"我和大家"之中有一方缺席时，事情还是不做为好。比如惊喜，为什么那么多人喜欢惊喜呢？因为准备的一方也会开心。在让对方开心之前，自己也充分享受到乐趣，所以人们才会喜欢。

鹿毛：以前，我有幸与索尼的大曾根先生（大曾根幸三，第一代索尼随身听的开发者）交流时，他对我说"要是做出随身听的话，客人会高兴，我自己也想要一个，所以就做了"。系井先生的想法和大曾根先生有共通之处，我觉得这就是创造出爆款产品的精髓。我听说您的网页上写着的"飞鸟时代的人也会开心吗",是您推进企划的标准之一。

系井: 我认为人在变化这种话说得太多了。一款产品诞生后改变了社会,这种话只是营销话术罢了。或许我也说过同样的话,可是说这些话的人、写下这些文字的人并没有真的像那样生活。就像潮流杂志制作的餐厅特辑一样,负责制作的编辑并不一定会和女孩子一起去那里吃饭。就算时代发生变化,人心也并没有发生太大的变化。所以我将"飞鸟时代的人也会开心"作为标准之一。

鹿毛: 让自己和客户双方都感到高兴的力量就是创意吗?

系井: 不能说完全是这样。如果将"creative"翻译成日语,我认为应该是"啊,我想到了一个好点子"。这种话小孩子也会说,不过这就是创意。

很多公司想不出好点子。他们有太多条条框框,就像天气预报员一样一本正经。其实不是这样的,应该以玩笑的心态讨论,说些"我想到了一个好点子!""说说看?""啊,不对"之类的对话。

如果你不能像鲑鱼产卵一样产生众多想法，你就不能找到一个优秀的想法。"啊，我想到了一个好点子"其中也可以包含不怎么样的点子，这些点子中也会诞生出优秀的内容。

鹿毛： 在我的上一份工作中，参与者将写着可能会流行的事物的投稿清单称为"某些会流行的东西"。有了这份默契，平时没说过话的人在公司走廊上擦身而过时，看到拿着这份清单的人时也会相视而笑。换个严肃的话题，你如何看待公司管理呢？

系井： 我认为可以轻松地说出"真不错""不对吧"的同事关系很不错。

"几乎每一天，系井新闻"网站在 2017 年推出了一款地球仪，名字叫"几乎每一天的地球仪"。一开始的灵感来源于我曾经看过的一部电影，里面有"织田信长踢飞了别人进献的地球仪"的情节。我已经忘记了电影的名字，不过当时感到很惊讶，觉得地球是可以随便踢飞的吗？于是想到把地球仪做成这样的东西也不错。

2017 年 12 月 1 日，"几乎每一天的地球仪"发售。地球仪用塑料材质制成，利用增强现实（AR）技术，提供智能手机专用应用程序，共同使用应用程序与地球仪后能够看到各种各样的信息。比如选择应用程序上的国别信息，将手机的摄像头对准地球仪，就能在地球仪上显示出各国的国旗。点击国旗后，能看到人口、通用货币、互联网利用率等数据。

不过，在会议上提到这款地球仪时，出现了不少"不明所以""我可不会买"之类的意见。这是我第一次听到如此明确的反对声音。有人赞成也有人反对的企划该如何处理呢？我的心中点燃了一团火。

我没有管理的意识，不过我希望建立一个大家能够公开交换意见的好组织。因为如果在会议上提出方案时，还要担心那家伙可能会反对，这种会议不是很麻烦吗？

（摘自《日经趋势》杂志）

结语

本书向大家介绍了如何从内心出发，从事产品营销活动的方法。可是我并没有掌握绝对正确的答案，我能告诉大家的只是：为了让工作顺利进行，我会深深潜入"自己的内心"，探寻客户内心的频率，并与之共鸣。当然，我也经历过很多失败，大多数情况都是因为没有倾听自己的心声，工作时没有用心。

我还向大家介绍了成体系的营销手段和调查方法的局限性。但我希望大家不要误解，学习这些产品营销方法并非没有价值。很多研究者和实务家现在依然在创造符合当今时代的新思路和新方法。产品营销是会随着时代不断发生变化的学问，只是如果太依赖理论框架，就容易忽略客户的内心，导致掉入陷阱，无法卖出产品。

为了用好产品营销工具，深入自己的内心、与自己对话的步骤不可或缺。另外，我认为读心不仅限于产品营销领域，销售、服务方面的工作，甚至在私人生活中，也需要了解他人的内心。

虽然我觉得，产品营销不需要总是考虑内心，可是如果完全不在乎内心，就什么都看不到了。我希望大家首先能够和我达成共识，明白"人是有心的"。

请大家深深潜入自己的内心，充分理解自己的独特之处，让周围人的"内心"感到幸福吧。

最后，这本书的出版过程中得到了很多人的帮助。S.T.公司董事长铃木乔先生、系井重里先生，感谢你们改变了我的人生。S.T.公司总经理铃木贵子女士，感谢您始终给予我温暖的支持。《日经趋势》杂志的编辑中村勇介先生、马场企划公司的岛影真奈美女士，谢谢你们，如果没有二位，本书将无法出版。最后，衷心感谢阅读这本书的各位读者。

希望以后能与大家共同努力，我会为大家提供更多的喜悦。